知的生きかた文庫

精神科医が教える
生きるのがラクになる脱力レッスン

藤野智哉

三笠書房

はじめに

あきらめる。
それは「あるがままの自分を受け入れる」ということです。
あきらめる。
それは「何かを手放す」ことです。
あきらめる。
それだけで、毎日はもっと自由で、楽しいものになります。

私がみなさんにお伝えしたいのは、あきらめることの素晴らしさです。**あきらめるとは、逃げることではありません**。それは、目の前にある現実を直視し、限られた時間を有効に使い、人生を前向きに生きるために不可欠なマインドリセット法です。
精神科医とはいえ、30代そこそこの私が「あきらめる」生き方をすすめると、生意気に思われる方がいらっしゃるかもしれませんが、まずは私の境遇を説明させてください。

1991年。名古屋市で生まれた私は、3歳、4歳、5歳で立て続けに川崎病という病にかかり、4歳のときの川崎病の後遺症で心臓に大きな障害が残りました。

当時、川崎病は風邪のような初期症状が出ることが多く、急な発熱で救急病院に行っても見逃される事例があとをたちませんでした。

私もはじめは風邪という診断をされ、その後も不調が続いたため、詳しく診ていただいたところ、川崎病であることが判明したのです。

もし、最初の段階で川崎病だと診断されていたら。

現在では疾患の知名度も高まり、早めに治療すれば重い障害は残らないことが多いようですが、私の場合は診断が遅れた結果、後遺症として心臓に13ミリ程度の冠動《かんどう》脈瘤《みやくりゆう》というこぶがふたつ残りました。

「なんで自分が?」という、怒りにも似た気持ちがなかったと言ったら嘘になります。

自分自身が研修医として救急当直などをするようになってから、見逃しなく診察する難しさを実感し、見逃されたのも仕方ないことだったかもしれない、と考えられるようになるまで長い時間がかかりました。

4歳で発症してから、大好きだったサッカーができなくなりました。冠動脈瘤は運動で心臓に負荷をかけると破裂する危険があったからです。小さい頃はプールにも入れず、長距離走もできませんでした。みんなと違うことが嫌でした。

中学生になって、ようやく、長距離走なんてつらいし走りたくないから「自分の病気がラッキー」だと思えるようになりましたが、そこまで、ずいぶんかかりました。

私は歳を重ねるにつれ、自然と「あきらめ」の気持ちを身につけました。走れなければ車に乗ればいい。泳げなければ浮き輪を使えばいい。いい意味の「あきらめ」が自分の気持ちを楽にしてくれたのです。

私が医者になろうと思ったのは、やはり自らの病気があったからでしょう。中学生になった私に、主治医の先生は時間をかけて説明してくれました。

薬を一生飲み続けなくてはいけないこと。どれだけ生きられるかわからないこと。

私は人生が思ったより短いことを、人より先に身をもって感じることができました。同時に、すっと恐怖が消えたのです。それまで自分が何か大きな病気にかかっていることには気づいていましたが、その正体がわからなかったからです。

中2で私は自分の運命と向き合いました。何かをあきらめたその瞬間が、新しい人生の始まりだったのかもしれません。

小さい頃に祖父から言われた言葉があります。

「人間は持っている武器で戦うしかない」

医学部に進むことになったとき、「君のように患者さんの気持ちがわかる人こそなるべきだ」とみんなに背中を押してもらえたことも忘れられません。

医師になるまで私は、1分1秒を大切に生きてきました。自分には時間がない。その思いは私を常に焦らせていました。

しかし、精神科医として働くようになり、生き急ぎすぎて息切れしてしまった人を多く見たことが、私の運命を再び大きく変えました。

時間は大事だという気持ちに変わりはありません。

しかし、今は結果さえ間に合えばいいと思うようになったのです。

完璧な自分をあきらめる。

ゴールを決めて、そこに帳尻を合わせればいいんじゃないか、と。

60点を取れば受かる試験で１００点取ろうとして、勉強がしんどくなるくらいなら、ギリギリを狙って65点を目指せばいいじゃないですか。


僕は完璧をあきらめて、生き急ぐこともあきらめたのです。


生きていくためにはゆるくてもいい。みなさんはそれを忘れがちなのではないでしょうか。

現代のストレスフルな社会で、自由にあなたらしく生きるために必要なのは、あきらめる気持ちです。**肩の力を抜いて、ゆる〜くポジティブに生きてください。**

本書をきっかけに、あなたが人生を変える第一歩を踏み出していただけたらうれしく思います。

精神科医が教える
生きるのがラクになる脱力レッスン◎目次

第2章 自分が好きな自分になる

協力　株式会社プログレス

第1章

受け入れ、受け流す技術

Mind Reset NO. 01

あきらめる

「あきらめる」と聞くと、心理的抵抗を感じる方が多いのはなぜでしょう。夢を追いかけることをやめたり、途中で投げ出したりなど、マイナスなイメージで使われることが多いからでしょうか。

しかし、最近広く知られるようになったことですが、仏教では「あきらめる」と「明らかにする」は同じ語源だと言われています。

私はみなさんにあきらめることを強く推奨したいと思います。「あきらめる」という言葉は、いったいどんな意味を持っているのでしょう。

あきらめる。

それは**あるがままを受け入れる**ということです。

あなたが何か大きな失敗をしたとします。あるいは仕事を抱えすぎて心がパンクしそうになったとします。

あなたは最初に、いったい自分のどこに原因があったのかを明らかにする必要があります。もしあなたのキャパシティを超えてしまっていたのだったら、その事実を正面から受け入れて理解することです。

「できないことはできない」と知ることは、とても大事なのです。

たとえばかけっこが遅い人に、運動会だから速く走れと言っても無理でしょう。トレーニング次第で多少の改善はするでしょうが、「走る」「ジャンプする」などの基本的な動作・運動能力は先天的な要素が大きく関係するからです。

できないものはできない。あきらめるのはすごく残酷なイメージがあるかもしれませんが、できないことはできないと認めた上で、違う方策を考えることが重要です。

覚えることが苦手なら、その場でメモをすればいいわけです。記憶することをあきらめたからこそ、次のステップに進めるのです。

「あきらめる」とは余計なものを捨てること

できないことはできないと知る。それはとても大事なことです。

がっかりすることはみんな嫌ですよね。期待してその結果に応えてくれないと、自分の思い通りにならないことにイライラしてしまうでしょう。

思い通りにならない。それは「自分の基準」で考えているからこそ起こる感情です。**私たちがイライラするのは、自分の思い通りにならないときです。**

会社に入ったばかりの後輩に仕事のミッションを課して、3回に1回うまくいくとします。「1／3しか成功しない」とイライラする人がいたとしたら、それはナンセンスです。

経験が浅いのに3回に1回もできているのだから、「すごい」と褒めてあげればいいのです。

それは子育てでも同様のことがいえます。「この子は1／3しかできない子だ」と残念がるのではなく、「1／3もできる子」だと、理解することが大事なのです。

人はそれぞれ違います。自分と同じ人間はいません。前向きにあきらめることが大事なのです。

漢字で書くと「諦める」。この「諦」という文字そのものには、悪い意味はひとつもないそうです。あきらめる、という言葉は**余計なものを捨てる**といった意味を持っていると私は感じています。

目的のためにいらないものは捨てる。自分が生きるうえで目的とすることは何か。**幸せな人生を送りたいなら、どうしたら幸せになれるのか考えてください**。あなたの考える幸せが「いつか南国に移住したい」だったらお金がいりますよね。つまりあなたの考える幸せな人生のために、お金が必要だということです。

そのためには、生活費を稼ぐ程度に適度に働く、という選択肢をあきらめる必要が出てくるでしょう。そして、あきらめた瞬間に違う案が出てくるはずです。

私を例にとると、出版の締め切りが迫っているのにどうしても執筆が終わらないとします。この原稿を落としたら、業界からの信用がなくなるかもしれません。私の場合は医者という本業がありますので、すぐにごはんが食べられなくなる心配はありませんが、人様に迷惑をかけたり、信頼をなくすことは極力避けたいと考えます。

そのとき、私に必要なのはあきらめることです。

時間がなくてひとりで一冊を書くのが無理だとしたら、誰かに協力を仰いで、共著という形にして労力を半分に減らすのです。

それによって私ひとりの名声（と言っていいかはわかりませんが）は半分になっても、信用を失うという最悪の事態を回避できるわけです。

人に過度な期待はしない

世帯を持ちながら働く女性の割合は、年々上昇しています。特に子育て世代は上昇率が顕著です。

もし、仕事が忙しくて家事をする時間がないとしたら、お金はかかるかもしれませんが、仕事を部分的に外注してみたり、代行業者に家事を頼んだり、ベビーシッターに頼んでガス抜きをすることが大事です。

真面目な人ほど、全て自分でこなさなければいけないという足かせに苦しんでいる気がします。

大切なのはキャパオーバーしないこと。

「お金」と「心の健康」のどちらが大事か考えましょう。すべてを両立はできない。であれば、どちらかをあきらめる勇気が必要なのです。

想像してみてください。自分の身内や子供が心のキャパオーバーで「死にたい」と言ったら、あなたはどう思うでしょうか。

きっと「生きていてくれればそれだけでいい」と思うのではないでしょうか。ということは、あなたも誰かにそう思われているということなのです。

孫と祖母の関係を考えてみましょう。祖母は孫が産まれてきてくれただけで、健康に暮らしているだけで幸せに感じています。

「元気でいればいいよ」「偉くならなくてもいいよ」

私の祖母は、私がごはんをおかわりしたり、背が伸びたり、何をしても褒めてくれる、私の味方でした。

これと同じで、今は口やかましい親だって、最初は祖母と同じことを子どもに対して思っていたはずです。しかし次第に欲が出てしまい、「立派になってほしい」と思うようになるのです。

ときには、親と電話で話すなど、良好な関係を構築するのもいいかもしれません。
あなたが生きていることを喜んでくれる人がいると知るだけで、何かをあきらめる勇気をもらえるからです。

生きているだけでいい。自分に無理してまで期待に応える必要がないことに気づいてください。

あきらめとは、他人に対して過度な期待をしないことでもあります。当たり前の話ですが、すべてがあなたの思うようになるわけではないということを知ってください。

先日、知人の息子さんが遺伝子検査を受けたそうです。速筋や遅筋の発達のしやすさについて、遺伝的な傾向を判定してくれるもので、その結果、筋トレをしても筋肉がつきにくく、長距離走に向いたタイプであることが判明したといいます。
つまり、その息子さんはいくら100メートル走の特訓をしても、大成しない可能性のほうが高いということです。
その話を知った周りの友人からは、批判的な意見も浴びたそうです。その多くは「子供の可能性を狭めている」というものでした。でも、そんなことは気にしなくていいと、私は思うのです。
苦手な食べ物があったら無理に食べなくてもいいんです。栄養だってほかで補えばいいんです。本人が気にしていないんだったら、それでいいじゃないですか。あきらめることで気が楽になるなら、それが一番いいんです。

summary

- 「できないことはできない」と知ることが大事
- あきらめることは前向きな感情
- ただ生きているだけでいい
- 人に過度な期待をしない

いい人をやめる

私は自分のことが好きです。高校時代は毎朝30分かけて髪型をセットしていたこともありますし、デパートで最上階まで行くのに、エスカレーターで12階までのすべての鏡で自分をチェックしていたと指摘されたこともあります。

自分の嫌いなところはどこかと考えたとき、細かいところを挙げればいくらでもあるのでしょうが、基本的には自分のすべてを肯定しています。

自分をよく見せたいという思いもあったと思います。

ただ、秋田の大学に進学してからは、「人にどう思われてもいいや」と思うようになりました。私は早く医者にならなくてはいけませんでしたから、自分をよく見せる、ということに力を注げなかったこともあると思います。**ここにずっといるわけじゃない、そう思ったら気が楽になったのです。**ここで知り合った友人も、一生付き合うことはないかもしれない、とも心の中で思っていました。

自分は冷たい人間だと認めることは難しいことかもしれません。しかし、私はその一連の行為を大事な作業だと考えています。

私たち医師は患者さんの死をずっと引きずることはできません。私たちの仕事は亡くなった方を悼むことではなく、目の前にいる患者さんを治すことだからです。

自分が冷たいなと思うことはあります。ただ、患者さんの死を長く引きずらないためには、きっと冷たくならないと務まらないのです。自分のプライベートの時間を確保しなくては自分自身がパンクをしてしまうからです。

付き合っている女性がいたときにも、嫌なら別れたらいいじゃないかという気持ちになって、ケンカになったことがあります。デリカシーがないとは思うのですが、自然体だから自分の心は健康でいられるのだと思ったのです。

なんとなく相手に合わせていることでそれが澱《おり》のように積み重なって、自分自身を苦しめることだってあるのです。

もっと自分本位で生きていい

ところで、「いい人」ってなんでしょう。わかりやすく言うと、万人に好かれるように行動する人でしょうか。その意味で言うと、**「いい人」とは実は他者の評価でしかない**、ということにあなたは気づいているでしょうか。

自分がいい人でいたいという欲求には、なんの意味もないとしたら……?

私は常々、**自分にとって心地いい状況だったら、他者にどう思われてもいい**と思って生きています。心臓に障害を抱えていて、いつ破裂して死んでもおかしくない自分が、自分本位で生きてもいいじゃないか、と決めているのです。

それは私だけの特権ではありません。みなさんも、もっと自由に自分を好きになって生きたほうが美しいと思うのです。

「自己愛」という言葉は悪い意味で使う傾向がありますが、**自分を愛している人のほ**

うが、他人も深く愛せると思うのですが、いかがでしょう。

自分のことを好きじゃないのに、他人を好きな人がいるとします。

それはおそらく、自分の中で自分の評価が低いから、他人がよく見えているだけでしょう。自分の評価が高ければ、他人に無条件に憧れたりはしないからです。

他人を見下したりすることもあるかもしれません。ただ、自分がほかの人より優れていると思ったら、その感情は押し殺す必要はないんです。それを表に出さなければいいんです。芸能界には惚れ惚れするような美しい人、カッコいい人がいますが、あれだけの容姿を持っていたら、ほかの人より優越感を抱くことは仕方ないと私は思うのです。

「あいつは仕事もできないのに威張っていてバカだなあ」と思ったら、その人に優しくする必要はありません。

「優しい人」というのは、嫌な相手にもついつい優しくしてしまうきらいがあります。その結果、目をつけられて面倒な仕事を振られたりする。

だからあなたも、嫌なことは嫌だと伝えてください。自分じゃなくてもいい仕事だったら、無理にやる必要はないんです。

無理を承知で頼んでくる人というのは、弱い人、都合のいい人を見つけて、押し付けようとしているだけ。あなたが断ればきっと次の人を探すはずです。


「いい人」だと思われたい欲求は当然です。

なぜなら、いい人だと思われるとみんなに愛されて、大事にされる可能性があるからです。生きやすいし、生き物にとって生存メリットがあるからでしょう。

ただし、人間はある年齢になると、みんなにいい人だと思われなくてもいいと思うようになるといいます。「八方美人」という言葉があるように、「いい人」はそのうち褒め言葉ではなくなるのです。

誰かに好かれること自体は素敵なことです。

しかし、他者からの評価を求める必要はありません。自分が自分を好きであること。その評価基準さえぶれていなければ、**他者からの評価はそんなに必要ない**はずなのです。

自然体で人に甘える

「いい人」と言われる人に共通する特徴があります。

愛想笑いが多い。積極的に発言しない。他人の意見に反論しない。誘ったら断らない。人の話をよく聞く。

これらの行為は自分をすりへらします。不満を口にすることもできず、敵もいないが味方もいなくなり、やがてストレスをためて、心が悲鳴をあげることでしょう。

私が思う「いい人」は、お人好しで都合のいい人。

そこに肯定的なニュアンスはひとつもありません。

いい人キャラの人を見るたびに「損な役回りの人だ」と寂しい気持ちになります。

もっと自分の気持ちを伝えることができたら、今よりずっと生きやすくなるのではと思うのです。

人事権がある上司がいて、その人に好かれないと出世をしないと言われているのだとしたら、手段としてある程度は追従をするという選択肢もあるでしょう。

愛想が悪くて自分本位だけど、仕事で結果を出す人。

とてもいい人で職場の雰囲気を和やかにしてくれるが、仕事で成果を残せない人。

どちらが優秀な人材かは明らかでしょう。どんな人材が会社に必要とされているのか、考えてください。もっと自由になってください。**みんなにいい人でいることの労力と、メリットはあまりに釣り合わない**のです。


もうひとつ、酷なことを言います。

私は、いい人とは「どうでもいい人」と同義とも考えています。

あなたが「いい人だね」と言われたとしたら、その評価はその人による主観的なものであって、決して絶対的なものではありません。

人の評価なんて気にしなくていいんです。たまたま社会的にうまくいっている人に、自分の人生を判断される必要はないんです。


大事なのは、**いい人であることをあきらめる**ことです。

無理な仕事を振られたら「できないです」と口に出してください。高いところにあるものを取りたいと思ったら、子どもは自然に「抱っこ」と言いますよね。それくらいの自然体で人に甘えたらいいと思うんです。

いい子じゃなくても、そっちのほうがかわいらしいじゃないですか。

summary

- 冷たい部分をあえて作る
- 自分を愛す
- 他者からの評価を自分の判断基準にしない
- いい人じゃなくてもいい、とあきらめる

Mind Reset NO. 03

我慢の限界を数値化する

もし、あなたがつらさを感じて毎日を生きているとしたら、どのように、どれくらいつらいのか、自分の心の中を見つめてください。

何がつらいのか。それが、職場や友人関係のストレスで、毎日職場に行くのがつらいと思っているのならば、適切な形で放出することが大切です。

嫌いな人がいる、苦手な人がいる。

怒りのどす黒い淀《よど》んだ空気で膨らんだ風船は、やがてあなたの心の中で膨らみ続け、いつか破裂するでしょう。張りつめたヴァイオリンの弦が切れるように。

では、どうしたらいいのか。

あなたは、いつでも怒っていいんです。

とはいえ、嫌なことがあったからといって、常にプリプリ怒っているようでは、あなたの周りから大切な人も離れていきます。大事なのは、**「自分はここまでいったら怒りの気持ちを伝える」という明確な基準を設けること**です。我慢の限界ですね。

怒りたくなったときの自分を、冷静な目で見るのが「アンガーマネジメント」の基本です。

では、ここからだったら怒っていいという基準は、どう決めればいいのでしょうか。

一般的には**「機嫌がいいときだったら受け入れられる」かどうかを物差しにする**という方法が推奨されています。

自分が理不尽な要求をされたと感じた場合、同じオーダーをあなたが上機嫌なときにされたらどう感じるのか。

理不尽だと思っているのはあなた自身ですよね。ただし、自分にとって理不尽だとしても、相手にとって理屈は通っていることもあるかもしれません。その場合は、自分の機嫌によっては許せるかどうかで判断するといいのです。

「今日残業してくれるかな」

「本当は上司のミスなんだけど、代わりに責任をとってくれないか」

前者は特に予定がなかったら「わかりました」と答えるかもしれません。「他の人にも頼んでよ」と思いつつも、それはきっとあなたにとって理不尽な要求ではないからです。

後者はいくら機嫌がよくても受けたくありませんよね。つまり、それは決して受けてはいけないオーダーですし、怒っていい事案なのです。

たまには愚痴でガス抜きする

怒りの発散には「スタイル」があります。

大きな声で怒鳴り散らすのも怒りですが、貧乏ゆすりで怒りを伝える人もいますし、ネチネチ文句を言う人もいます。

愚痴も怒りの一種です。**文句を言ったり怒ったりすることは、自分の感情を素直に表現できているということ**でもあるのです。

実は私たちが行っているカウンセリングもそう。愚痴や不満を聞き出すことも大事な診療行為なのです。

つまり、第三者に対して不平不満を吐露《とろ》することは悪いことではありません。

「愚痴は繰り返し言うことで、ネガティブなイメージを定着させてしまうので、同じ愚痴を繰り返すのはよくない」という専門家の意見もありますが、私はガス抜きとして、心の重荷を下ろす作業だと思っていますので、愚痴を推奨しています。

私も仕事がつらいときにはひとりでブツブツ言いながら、気持ちをリセットすることがあります。そのほうが人間らしいと思いませんか。

ストレスをため込むのがよくないことは、もちろんご理解いただけると思うのですが、では、ストレスを抱えすぎるとどういうことが頭の中で起きているのか知ることも大事です。

先天的なIQの問題もあります。能力が高い人は処理できる事案でも、そうでない人は、「わーっ」とパニックになってしまいます。

たとえるなら市販のPCが、スーパーコンピューターと同じ計算をしようとすることが問題なのです。

小学生の頃に、逆上がりができる子とそうでない子がいましたよね。

「こうすればいいんだよ」と先生に言われ、手取り足取り指導されても、結局できないままの子がいませんでしたか？

あのときは逆上がりができる自分に優越感を抱いたものでしたが、では、その逆上がりができなかった子たちが、今現在不幸せな人生を送っているかといえば、決してそんなことはないでしょう。

できることはできるけど、できないものはできない。みんなその当たり前のことを忘れているんです。

だって、できないものはどうあがいたってできないんですから、しょうがないですよね。

たったひとつの「できる」「できない」があなたの人生を決定するわけではありません。心にいろんな尺度と価値観を持つことから始めましょう。

堂々と手を抜く

そのためには、平常時に自分の能力・スペックを認める作業が必要です。なぜ平常時か。緊急時には冷静な判断はできないからです。

私の知人に、とあるメーカーの営業部で働く女性がいます。実務をバリバリこなし、上司に信頼され、重要な仕事を頼まれることが多く、職場の中心的存在として周囲からも認められています。

彼女にはふたりの子どもがいます。仕事と家庭の両立は大変なので、しんどいなと思ったり、ここが限界だと感じた段階で無理をしないようにしているそうです。たとえば会社に時短勤務を申請するなど、柔軟な対応を取り、会社に大きな迷惑をかけることを事前に防いでいます。

彼女の目的は長く働くこと。もちろん出世はしたいとも思うけれど、それよりも家のローンと、これから発生する子どもの学費を稼ぐことが第一の目的だからです。

人間は大体20歳から25歳までの間に自分の限界がわかってくるものです。その間に自分でボーダーラインを作っておくことが大事なのです。まだあやふやなままであれば、今すぐ自分のキャパを見つめ直す時間を作りましょう。もちろん人間の能力は伸ばすことも可能ですので、定期的に自分の能力を確認するといいと思います。

具体的な数字にしてもいいかもしれません。「残業は週に3日まで」と決めておけば、すぐに自分で対応できるはずです。心が負荷で壊れそうになる前に、自分で防御策を作るのです。

子どもの世話に負担を感じているとしたら、何を優先するのか、その順位をつけるべきです。

手を抜いてもいい、とあきらめることも大事です。ベビーシッターさんを利用するのもいいでしょうし、夕食を出前にしたり、お弁当に冷凍食品を使ったっていいんです。たまにしか食べられないプロの味に、子どもが喜ぶかもしれません。「月に3回はシッターさんに頼んでもいい」とあきらめてしまえば、心が楽になりませんか。

真面目な人ほど、抱え込みすぎる傾向があります。

まずは、自分のするべきことに優先順位をつけましょう。そうすれば自分が優先的に取り組む順番がわかってくるからです。

大事なのは、やるべきことに順番をつけて整理すること。

書き出すのもいいですね。可視化するとイメージがスッキリします。

そうすればどこから手を抜いていいかわかるでしょう。あなたが何を大事に思っているかを再確認することにもつながるはずです。

summary

- 我慢の限界を設定しておく
- 機嫌がいいときだったら受け入れられるかどうか、がボーダーライン
- 自分のスペックは平常時に測っておく
- すべきことを書き出して、リスト化する

Mind Reset NO. 04

あるがままを受け入れる

なぜこの世に生を受けたのか、それは誰にもわかりません。私にもわかりません。障害を抱えていることを、悩んだ時期もありました。ただ、ありきたりかもしれませんが、**神様が自分にこのハンデを与えたことにはきっと意味があるのだろう**、そう思えるようになったのが、大きな転機となりました。

神様が与えた試練。そう考えると、目の前にある困難に果敢にアタックして、その大きな壁を乗り越えることをゴールだと考える人がいるかもしれません。

ただ、目の前に壁が現れたときに「この壁をどうやって乗り越えるべきか」という思い込み自体を見直してもいいのでは、と私は思うのです。

乗り越えるべき壁かどうかを判断するのはあなたです。

もし、その壁があまりに巨大で困難に見えたら、迂回《うかい》してもいいでしょう。その壁の登り方を愚直に考える、まずその思考法を捨ててみてはどうでしょう。

旅行へ出かける際に、高速道路が混んでいたとします。連休を控えた高速道路では長い渋滞が発生し、目的地まで何時間かかるか見当もつきません。

そんなときは高速道路を降りて、一般道で行くという選択肢もありますね。時間はかかるでしょうが、渋滞でずっとイライラするよりは、よっぽど健康的なドライブが楽しめると思うのです。トイレに行きたくなったとしても、コンビニなどが見つかるでしょう。

無理だったらあきらめる、という選択肢も視野に入れましょう。

自分ではどうにもならないことがある、と知るのも大切なことです。渋滞の時期に旅行を選んだのは、他ならぬ自分です。そしてこの時期、渋滞は避けられない。ならば好きな音楽を用意して歌ってみたり、渋滞の時間を楽しく過ごすことに心を砕いてもいいでしょう。

「理想の自分像」があなたを苦しめる

天命と言いますが、神様が決めた運命は、気まぐれで私たちにはどうにも変えられません。

楽しみにしていた旅行が雨だったとしたら、気分は落ち込みますよね。でも、自分ではどうしようもできないものがある、そう知ることにも意味があります。

「こんなに楽しみにしていたのに、なんで雨なんだ！」そう悔やしがっても、天気は変わりません。自分の心がけや意志、思いだけではどうにもならないことがあると知るのも大事なのです。

ただ、**その後の運命は自分で変えることができます。**

雨だった、仕方がないなと思って、そこからどう楽しく過ごすかは、その人の心の持ちようにかかっているのですから。

あるがままの自分、あるいはあるがままの状況を受け入れることで、自己否定しがちな性格を変化させていく治療があります。

医学的には**「森田療法」**としてよく知られるこの治療法は、**理想の自分になりたいという強迫的思考を捨てることを目指します。**

人は居心地が悪い状態が続くと、そのことにばかり意識が向きがちで、視野が狭くなります。この状況からなんとか脱却したい。そこにばかり気がいってしまい、さらに視野が狭窄《きょうさく》して悪循環となるのです。

よりよい自分になることを目指すのは立派ですが、理想の自分をイメージすることは実は悪手なのです。「自分はこうありたい」「そのためにはこうあるべきだ」……これを「べき思考」と呼びます。

理想の自分がいて、現実とのギャップがある。それがどうしても我慢できない、認められない。

その結果が、自己否定につながるのです。まずは、「べき思考」をあきらめることが大事です。**理想ではなく現実の自分に満足しましょう。**

たとえば自分の性格があまり好きになれないとしても、自分のどこが嫌なのかを把握しつつ、まずはそれを受け入れることから始めてほしいのです。

ダメな自分も丸ごと受け入れる

怒りっぽい自分がいたとします。怒りっぽいなら、怒っている自分を受け入れる。「社会人はどんなときも泰然《たいぜん》としているべきだ」という考えを捨てることから始めてください。

怒りっぽい自分がいるという現実をまずは受け入れ、次にそんな自分を受け入れてください。

しょうがないんです、怒りっぽいんだから。今すぐあきらめましょう。

変えたいという衝動＝自己否定。でも、そういう自分もいるんだと認めて愛してください。あるがままを受け入れ肯定するのです。

自分を認めるとどうなるか。怒る自分がいやだったら、ほかで補完するのです。

怒りっぽい性格が治らないなら、怒り方を変えてください。

怒りっぽいけど、我慢するのはもっとよくないし、きちんと発散できているほうがいいでしょう。

だったら怒り方を変えるのです。1回ガツンと怒ったらあとは絶対に引きずらないと決めるのです。

大事なのは怒りを上手にコントロールして、持続して怒らない。相手の人格を攻撃しないこと。


たとえば、会社で輝きたいという理想があるとします。

輝きたい、けれど、輝けない。だったら、その状況を受け入れ、社会人は仕事で評価されるべきだという、思考から逃げるのです。

会社が自分を評価してくれないなら、他の時間を充実させればいいじゃないですか。習い事に力を入れたり、家庭菜園に凝ってみたり。自分の輝ける場所はいくらでもありますし、いろいろな手段があるでしょう。


昔と比べて、現在は選択肢が増えました。小学生のなりたい職業にユーチューバーがランクインするように、大学を出てきちんと就職をして結婚して一生同じ会社で働く、という固定観念はもう古いのです。

社会人でも、きちっとしなくてもいいじゃないですか。私は髪の長い自分が好きです。医者はこうあるべき、という指摘をいただくこともありますが、気にしません。夏になると暑さに負けて切ってしまうこともありますが、涼しくなるとまた伸ばしています。

最短距離で進路を進む必要だって、ないのかもしれません。30歳を超えてから医者を目指す医学部の同期もいましたし、**回り道をしている人は人生を楽しんでいて、なんて魅力的なんだろうと思ったものです。**

あなたが太っていて、その太っていることがコンプレックスだとしましょう。早起きしてジョギングすると決めたのに、1週間で断念してしまった。だったら、自分は毎日はジョギングをできない、と受け入れましょう。もっと継続しやすいウォーキングに切り替えてもいいですね。通勤中、駅の階段は全て1段飛ばしで上ってもいいかもしれません。

自分に怠けグセがあるなら、一念発起してパーソナルトレーニングに通ってもいいでしょう。いつかやる、いつかやる、と言い続けても、人はなかなか行動に移しません。ダイエットはその最たるものではないでしょうか。

怠けグセがあるという自分の性格を受け入れられれば、断食道場に通って強制的に痩せるという選択肢も浮上するでしょう。

自分の中に「〜べき」が多い人ほど生きづらいと思いませんか。

あるがままを受け入れる。そうすれば人生はもっと楽になると思うんです。

summary

- 壁は乗り越えなくてもいい
- 理想の自分像を思い浮かべるのは、悪手
- 怒っても、引きずらない
- 「〜べき」思考が多いと生きづらくなる

Mind Reset NO. 05

ストレスのもとに近づかない

ストレスを感じる人が近くにいる場合は、そのストレスのもとから今すぐに離れてください。今すぐにです。

ストレスのもとである、とあなたが感じる人は、エネルギーを持っています。異常な熱量を持っています。それらはあなたにとっては必要のない負のエネルギー。

エネルギーを持っている人は、よくも悪くも周囲を巻き込む力を持っています。じっとしているとあなたはその炎に焼かれてしまうでしょう。今すぐその熱源から遠ざかりましょう。

どれだけ熱い炎でも、そこから離れてしまえば、物理的に「熱い」「痛い」「つらい」とは感じません。

炎が目に入るだけでストレスになるなら、見えないところまで離れて、距離を置きましょう。理不尽な相手というのは相手を見て要求をしてきます。弱い相手を見つけることが得意なのです。

あなたはそういった相手に対して、最初は戸惑い、やがて怒りを覚えるでしょう。「烈火のごとく怒る」という言葉があるように、怒りというのは「火」にたとえられます。火はすべてを焼き尽くすでしょう。相手の負のエネルギーはあなたの心をずたずたにして、さらに怒りの炎は何もかもを焼き尽くしてしまいます。

あなたが苦手な相手のことばかり考えていると、あなたの心の優しい場所が相手の負のエネルギーによって焼き尽くされてしまうことになるのです。

「適応障害」という病気を例にとると、心に過度のストレスがかかり、自分のキャパシティーで処理できないことで発症することがあります。

みんなができてもあなたはできない。それはおかしなことではありません。だって、できないものはできないいんですから。

人にはそれぞれ自分のキャパシティーがあるのです。できる人が多いかもしれないけど、自分はできない。それはある意味自然なことなのです。

思い切ってSNSをやめる

人間の脳はひとつのことに集中してしまうと、他のことが処理できなくなってしまいます。おいしいと評判のレストランで料理を楽しんでいたとします。だけど店員の態度が少しだけ気に障《さわ》りました。すると、そのあとは店員のサービスの悪さや振る舞いばかりが気になって、とたんに料理までまずく感じられるようになります。料理の味は変わらないはずなのに。

嫌なこと、腹が立つことばかり考えていると、あなたの心はどんどん貧しくなっていきます。心に爆弾を持っているとしたら、どうにか処理しようとするのではなく、置いて逃げればいい。それができれば楽になります。

問題から離れて、考えることをやめたら処理する必要もなくなります。離れていれば、物理的に嫌なことを考える時間も減っていきます。

たとえば過労で抑うつ症状に苦しんでいた人が、田舎で農業をすると症状が改善するのと同じこと。**環境を変えるのはとてもいいこと**なんです。

職場にストレスの要因があるのだとしたら、それを取り除き、距離をおいてください。休暇を取ったり、異動願いを出してもいいでしょう。

どうしても復帰しなければいけないのなら、会社の担当部署に現状をつまびらかに訴えて、原因となったものと二度と接することがないように努力することも大事です。

ストレスのもとが人間関係にある場合は、仕事で付き合うのはここまで、と明確に線引きして相手の侵入をブロックします。

まずはその相手との距離を決めるといいでしょう。

会社だったら必要以上にコンタクトを取らないこと。メール、LINEでストレスを与えてくる人なら既読スルーしてもいいし、読むのがストレスになるなら、ブロックしてもいいでしょう。

LINEグループだったら脱退すればいいのです。SNSやスマホはもはや現代の日常生活に欠かせないツール。必然的に目に入ってきますし、そこからかかるストレスは甚大です。
脱退することで、仲間外れにされるのではというおそれもあるでしょうが、**ストレスに接して心を不健康にするよりはましだとあきらめてください。**

LINEアプリのアイコンが目に入るだけで嫌な汗をかくようなトラウマになっているなら、アイコンを目立たない場所に移動して目に入らないようにしたり、アプリを削除してもいいでしょう。この時代、どんな方法でも友達とつながることはできるはずです。

置かれた場所で咲かなくてもいい

ストレスがたまっているときは感覚が過敏になっています。閾値《いきち》が下がっているため、普段なら雑音と感じないものを雑音と感じたり、街の雑踏の音や食器のカチャカチャという音が気になったりします。つまり感覚が鋭敏になっているのです。

神経が張りつめているということは、普段なら感じないような痛みも感じやすくなります。そればかり考えて気になるようになり、悪いほう悪いほうに考えてしまう。

あなたの心は高性能のレーダーのようなもの。拾わなくてもいい情報まで拾って、それを処理しようとしているのです。

平常時は必要ではないと思った時点でその情報を切り捨てています。しかし、非常時の張りつめた精神状態では、すべてに意味があると考えてしまい、気になったことを、すべて悪いほうにひもづけて考えてしまう。

上司の何気ない一言が意味あるものに思えてしまうこともあるでしょう。でも、それを考え込んでも意味がないんです。あなたの周りで悪口を言っているような気がしたら、距離を置いてみましょう。

周囲にはそれくらい我慢しなさいと言う人もいるでしょう。親など少し上の世代の人たちは、「もう少し頑張ってみたら」と言うかもしれません。

でも、本人がつらいというならつらいんです。怠けグセでは決してないし、甘えではありません。

私は医者ですから、「つらいです」という自己申告に対して、「いえ、あなたはつらくないですよ」とは言えません。

自分でも気がつかないうちにストレス症状が出ていることもあります。眠れなくなったり、気分が沈んだりするのはその顕著な症状のひとつです。

繰り返しますが、**逃げたり、環境を変えることが何よりも大事なのです。前向きにあきらめましょう。**

学生時代には夏休みがありましたが、社会人になったら基本的には一年を通して働かなくてはいけないと誰もが考えています。艱難辛苦《かんなんしんく》を乗り越えてこそ花は咲くという思い込みがあなたを苦しめているのかもしれません。

仕事がつらくても、我慢しなければいけない。そう思い込んでいるのならその考えを改めましょう。その先には必ず心の暗闇と死があります。死ぬよりは逃げたほうがいい。私はそう思っています。

大きい企業だったら配置換えなどの対応をしてもらえるかもしれません。

「心の調子が悪いまま働くよりも、一度休んで改善後に復帰したほうが経済損失が小さい」という研究もあるほど、リスタートは新しい人生を楽しく送れる可能性を秘めています。社会的評価が下がるといった不安もあるかもしれませんが、これからの時代、少し休みを取ったくらいで出世や査定に響くような会社は生き残っていけません。

そう割り切って、自分のせいじゃないと思ってしまえばいいんです。

労働は国民の義務ですが、あなたが**「今いる場所で働く」ことは義務ではありません。**あなたの輝ける場所、心安らぐ場所がもっとあるのだとしたら、そっちで努力をしたほうがもっと幸せになれると思うのです。

summary

- ストレスを感じたら、その元凶から遠ざかる、逃げる
- LINEに疲れを感じたら退会する
- 「自分のせいじゃない」と前向きにあきらめる
- 「今いる場所で働く」ことは義務ではない

Mind Reset NO. 06

俯瞰《ふかん》で見る

「自分が、自分が」と自意識が肥大化《ひだいか》することがあります。

「自分なんか」と己を矮小化《わいしょうか》してしまうことがあります。

でも、周りはそんなに他人のことを見てないんですよ、と言ったら、あなたはどう思うでしょうか。

激怒している自分を見たことがありますか。おそらく多くの人は客観的に見たことがないと思いますが、それはきっと醜《みにく》いものでしょう。

人間が怒っている姿は醜いものです。もしも自分が怒りという感情に囚《とら》われているのなら、選択肢をほかに探ることも大事です。

怒らない方法もそうですし、怒るにしてもほかの伝え方があったのでは、と一度冷静になってください。

まずは遠くから自分を見てみましょう。

怒りをまきちらしている自分、あるいは怒りを表に出せず、うじうじしている自分。なんとも情けないと思いませんか。

動物のように自然に溢れ出た感情を、そのまま表に出す行為にも感心しません。

たとえば医者であれば誰もが経験する当直明けは、疲れがピークに達しイライラしています。怒りの閾値が普段より下がっているため、些細なことでカチンときてしまうこともあります。

そんなとき、私は自分の中にもうひとりの自分を作ることを意識しています。第2の私は、私をじっと見ています。意見をするわけでもなく、ただただ私を眺めているのです。

第2の私はただ客観的に物事を判断します。怒ること、怒らないことの線引きを、明確に決めて、第三者視点でジャッジするのです。

怒る、怒らないの境界線が、その日の気分によってぶれるのはよくないですよね。

だからこそ、怒っている自分を第三者視点で判断するという習慣を身につけたのです。

そうすれば、自分で尺度を作れます。

怒ると、最初に頭に血が上って顔が赤くなる。次に手が震える。次に言葉が上手に出てこなくなる……など。

こうやって尺度を決めると、一言で「怒っている」と言っても、どれくらい怒っているのかを客観的に把握できるようになります。

今、どんな状態かを冷静に見つめる。そうすると怒りも、先ほどまで感じていた嫌なこともバカらしくなってくるかもしれません。これ以上怒りを増幅させないためにどうすればいいか、それを冷静に判断できるでしょう。

心の中に、別人がいると考える

自分を俯瞰することで得られるもうひとつのメリットは、自分以外の状況も見つめることができることです。

あなたに対して高圧的な態度を取ってくる人がいたとして、それはあなただけにそうなのか、あるいは誰に対してもそうなのかがわかれば気持ちが楽になるでしょう。

もしもみんなにそんな態度を取っているなら、気にすることはありませんし、特定の仕事のときだけ自分にそういう態度を取っているのであれば、この仕事はその人にとってとても大事で、失敗したくないんだなと思いを至らせることもできます。

極端な例ですが、ドラマの中で、特定の男性だけにツンとした態度を取っている女性がいたとしたら、「ああ、彼女は彼のことが好きなんだな」とわかりますよね。当の男性からしたら、まったくそんなことはわからないでしょうし、もしかすると嫌な女性だという印象を受けているかもしれません。

つまり、俯瞰をしないと見えないこともあるということです。

怒りに震えそうになったときは、こんな方法も有効です。心の中にもうひとり、別人がいると考えるのです。

たとえば亡くなった自分の祖母が見ていると思えば、恥ずかしいことはできないでしょうし、一瞬、冷静になってものごとを判断できたりします。

自分が決めたのではなく、信用する第三者が決めたのだと思えば、冷徹な判断だって、意外とできるかもしれません。

電車の中で、窓ガラスに映った自分を見て、「疲れているな」「嫌な顔をしているな」って思うときがありますよね。その視点を常に持ち続けるのです。

美しくて、カッコいい自分のほうが絶対にいいでしょう。

常に鏡を見るのはとてもいいことです。手鏡を持ち歩いてもいいでしょう。

この作業に慣れてくると、まるで**ゲームの視点切り替えボタンのように、自分の視点を切り替える**ことができます。

敵と対峙しているときに、そのボタンの存在を思い出してください。

自分が今見ている視点。相手から見た視点。第三者から見た視点。それを冷静にモニターすることができるのです。何度も切り替えていれば、自分が今どんな顔で、どんな態度で相手に接しているかが、わかるようになるでしょう。

上から上から自分を見る

保険業界では契約者が死んだあとのことを話すときに「100年後」という言い方をすると聞いたことがあります。

「死んだあと」とか「お亡くなりになったあと」と言うと、生々しくて聞いた相手は凹みますし、冷静に考えられないかもしれません。誰しも自分が死ぬことを考えたくないと思うのは自然の反応です。

でも「100年後」と言い方を変えるだけで、冷静に受け止めることができます。明らかにその世界に自分はいないでしょうし、言葉を言い換えるだけでこんなにもイメージが変わるのです。

死んだときのことを直接イメージするのか、あるいは100年後を見るのか、それだけでまるで違って思えるから不思議なものです。

ときには鳥になった気分で、さらに上から上から自分を見るのもいいでしょう。

遠くから見れば、私たちなんてとてもちっぽけなもので、怒っている自分も、嫌な相手も結局はただのひとつの点にしか見えないのです。

　鳥は空から私たちをどんな気持ちで眺めているのでしょう。私たちのことなんてまったく気にせず自由に空を飛んでいるに違いありません。疲れたときはふと空を見上げ、深呼吸してみてください。きっと気持ちが楽になるはずです。


　私は仕事などで知り合った相手に親近感を覚えてもらうために、「年齢が近いですね」とよく言います。

「ぜんぜん違うよ」と反論されても、「四捨五入したら一緒じゃないですか」と言ってみます。

　さらに年齢が離れていたら「どうせなら10の位も四捨五入しちゃいましょう」と言えば、みんなが笑ってくれて一気に打ち解けるのです。

　こういった考え方は、意外と重要な気がするんです。

　自分が大事に思っていることも、大したことないと言ってくれる人がいるだけで、気が楽になりますよね。

　フラットな意見で助言してくれる第三者を、心の中に常に置いておけばいいんです。

距離が遠いように見えても、グーグルマップで見たら同じ場所にいるふたり。視座をちょっと変えるだけで、びっくりするくらい人生がちょっと楽になったりするのです。

summary

- 感情のままに怒りを発散しない
- 第三者の視点を作る
- 自分が大事に思っていることも他人にとってはどうでもいいこと
- 話していて距離を感じても、グーグルマップで見たら同じ場所

Mind Reset NO. 07

ルーティンを作る

フリーアナウンサーとして自由奔放な発言で人気を得ている宇垣美里《うがきみさと》さんは雑誌にこんな文章を寄稿しています。

「ふりかかってくる災難や、どうしようもない理不尽を、一つひとつ自主的に受け止めるには、人生は長すぎる。そんなときは、『私はマイメロだよ～☆ 難しいことはよくわかんないしイチゴ食べたいでーす』って思えば、たいていのことはどうでもよくなる」（『Quick Japan』Vol.132　２０１７年６月発売号）。

これは彼女流のストレス回避行動なのでしょう。ともすれば壊れそうになってしまう自分を守るために、彼女が編み出したライフハックなのです。

宇垣さんは嫌いな人ができたときの行動も明かしています。

嫌いな人や今ケンカしてる人のアイコンをスクショして、それをトップ画像にしたLINEグループを新しく作ってひとりでそこに入り、延々と悪口を書き込み続けると、その人に向かって文句を言っているような気分になり、気持ちを落ち着かせることができるのだそうです。

これはひとつのルーティン。彼女にとって**心の浄化作用であり、デトックスでもあるの**です。

人には知らずしらずのうちに「おまじない」ともいえる行動が身についていることがあります。それをまずは自分で強く意識して、ストレスがかかりそうな場面で実践することが有効です。


ルーティンには集中力を高め、心を落ち着かせる効果もあることが一流のアスリートによって証明されています。

野球のイチロー選手が打席に入ってバットを構えて腕をまくるポーズはよく知られていましたよね。

どんな一流選手でも、体調はその日によって違いますし、場所や環境によってもいつも通りの心境でバッターボックスに立てるとは限りません。

そんなときこそ、いつものルーティンを体で復習することで、平常心を取り戻すのです。

「うまくいく」と自分に言い聞かせる

ルーティンを決めておくと、マイナスに陥ったメンタルを正常状態に戻しやすくなります。

大学時代、私は弓道部に所属していましたが、そのときも、ルーティンは大いに役立ちました。

弓道では矢を射る際の一連の動作を8つに分けており、それを射法八節《しゃほうはっせつ》といいます。「足踏み」で足を開き正しい姿勢を作り、「胴造り」では弓を左ひざにおき、右手を腰に当てます。「弓構え」で右手を弦にかけ、左手を整えてから的《まと》を見ます。

区分された8つの動作は、連続してひとつの流れを作ります。ひとつの動きの中に竹のように8つの節《ふし》があると考えるのです。

弓が的に当たらないのは、その8つのどこかに原因があるからだ、と教えられます。車の調子が悪かったら、エンジン、タイヤなど故障している可能性のある箇所を順番に見ていきますよね。そうすれば異常のあるなし、故障している箇所もわかりますし、原因がわかれば対処、修理ができます。

原因がわかれば対処ができる。弓道のルーティンには大きな意味があったのです。

近年話題のマインドフルネス（瞑想のひとつ）では、気持ちがほかに行ったら「雑念、雑念」と言い聞かせて意識を戻すように、ルーティンには自分がもしマイナスな精神状態に引っ張られそうになったら、気持ちを健やかに戻す効果があります。

引っぱられそうになったら、大好きな人の写真を見る。大好きな歌のフレーズを頭の中で口ずさむ。それを習慣にするのです。

人は何かしら、ルーティンを持っているはずです。

大事な試合のときに深呼吸をすることもそうでしょう。ひとつリラックスを挟むと気持ちは落ち着きます。

緊張したときに手のひらに「人の字」を書いて飲み込むというおまじないがあります。「人をのむ」という語呂合わせですが、その効果を感じたことがある人もいるかもしれません。

緊張とストレスは同義。どちらも心を圧迫するものです。

手に人という字を書いて緊張が弛緩《しかん》したことを、みんなが経験として知っているならば、同じように自己催眠で気持ちが楽になるはずなのです。

基本的には「うまくいく」と自己暗示をかけるといいでしょう。

弓道もそう。当たると思って打つ。前向きな気持ちでいたほうが絶対に的に当たるし、人生もうまくいくのです。

つらくなったら「ゆるゆる」と口ずさむ

自分がラッキーだと思う人と、そうでない人。どっちが幸福になったのかという研究結果があります。

結果はもちろん、**自分はラッキーだと思っていた人のほうが圧倒的に幸福度は高か**

ったそうです。

どうせ自分なんてモテないと思っている男性より、自信満々の男性のほうが異性にとっても魅力的に映るのは当然でしょう。

恥ずかしい話ですが、学生時代の私は自信満々で異性に告白していました。失敗することも多々ありましたが、告白のときは〝イケる！〟と思うことが大事なんです。

モテる、自分はイケていると思っていると、内面も輝き出すはずです。

私は自分に自信を持って生きていますし、生きている幸運にも感謝して過ごしています。たとえ障害を抱えていても、医者として人の役に立っている。

ポジティブな自己暗示は、気持ちが明るくなるし、自分はもちろん周囲の人を幸せにします。つらいことがあっても、気持ちが前向きなら乗り越えられそうな気がするでしょう。

そして、嫌なことがあっても「これはずっと続かない」「持続しないはずだ」と思い込むことができるはずです。

飛行機に乗っているときの大きな揺れと同じです。経験した方はわかると思うのですが、飛行機が不意に大きく揺れた瞬間「やばい」と思って嫌な汗をかきますよね。

でも、気流の不安定なところを抜けてしまえば、そのあとは意外と平穏なフライトが待っていて、着陸したらあの瞬間の恐怖はもう忘れています。

のど元を過ぎた熱さはすぐに忘れてしまうんです。


仕事で嫌なことがあって、毎日が鬱鬱《うつうつ》としていたら、あなたの心の救いになるルーティンを持ってください。

嫌な年上の相手がいたら、自分より早く定年を迎えるし、早く寿命を迎えると思えばいい。年下だったら人生経験が少ない青二才だと思えばいいんです。

お笑い芸人のドランクドラゴンの鈴木拓さんは、総合格闘技を長年やっていらっしゃってかなりの腕前らしいのですが、相手に嫌なことをされても、俺のほうが強いからいくらでもやっつけられると思えば、気持ちが軽くなると言っていました。

自分のほうが優れていると思えば、どんなことでも、それで乗り越えられるんだとか。本当に強いかどうか、本当に優れているかどうかは関係ないんです。それもまたひとつのライフハックですよね。

私は嫌なことがあったときは「ゆるゆる」と口に出すようにしています。
言葉のもつやわらかさを感じませんか。
「ゆるゆる、行きましょう」。そう口に出したら怒りも消えていきます。
ルーティンを自分で意識して、自己暗示をかけることに挑戦してください。
ゆるゆる行こうじゃないですか。

summary

- 自分だけの言葉で心を浄化させる
- 「うまくいく」と自己暗示をかける
- 「自分はラッキーだ!」と考えていれば幸福度は上がる
- つらくなったら「ゆるゆる」と口にする

Mind Reset NO. 08

感情のまま突っ走らない

これまで感情のままに突っ走って行動して、うまくいった経験はありますか？

恋人のものの言い方にカチンときて、売り言葉に買い言葉。目も当てられないケンカになった人を知っています。


私は思春期に母親と口ゲンカになったときのことを今でも覚えています。

ケンカの理由は覚えていませんが、覚えていないということはきっと他愛もない些細なことだったのでしょう。

基本的に両親との関係は良好でしたから、滅多にケンカをすることはありませんでした。ただその日は、私も虫の居所が悪かったのか、次第にエスカレートしていったのです。

私は「こんな心臓で産まれたのはあんたのせいだ」と、決して言ってはならない言葉を口にしてしまいました。言った瞬間、自分でも「しまった」という気持ちで心が痛んだのですが、それ以上に、母親の悲しそうな顔は今でも忘れることができません。

私が病気にかかり、心臓に障害が残って激しい運動ができなくなった。それを一番悲しんだのは、母親だったのだろうと今ではわかります。いえ、当時も心の奥底では理解していたのですが、あまりに思考が幼稚でした。

今ではもちろん仲良くしていますし、ときに一緒に旅行をしたりと親孝行をしているつもりですが、あの日のことを忘れることはないでしょう。

私はあの日の発言を、今も後悔しているのです。

感情に任せて行動しても、決してよい結果を招きません。特に怒りの感情は瞬間的に表出しやすいものです。

タクシーの運転手の態度が悪いときに、こっちも不機嫌になって釣り銭を叩きつけて出る。後味がいいものではありませんよね。そのときに相手がどんな気持ちで仕事をしていたのかわからないからです。もしかしたら、奥さんの具合が悪くて気が気じゃなかったのかもしれません。

自分ができることを正しく行えば、結果は出る

居酒屋に入ったら店員がなかなか来ない上に、注文を取る態度がよろしくない。目も合わせず、オーダーに集中していない。あなたはきっとイライラすることでしょう。しかし、もしかするとホールを担当する人数が足りておらずオペレーションがいっぱいいっぱいなのかもしれません。元凶は人員を増員しない経営者にあると考えることもできます。

そう考えるだけで、あなたの怒りは少しトーンダウンするのではないでしょうか。何が言いたいかというと、怒りの感情に任せて行動しても、素晴らしい結果を招くことは、限りなく少ないということです。

弓道で大事なのは平常心です。

「正射必中《せいしゃひっちゅう》」という言葉があります。当てることだけが目的ではなく、型があってこそ。逆に言えば、**型が正しければ必ず結果は出る、**と考えられています。

弓道は私に心の安定を与えてくれました。

弓道では結果がすべて。結果がそれまでの自分が歩んできた道筋が正しいかどうかを教えてくれるからです。

つまり、途中の過程で、周りに振り回される必要はないのです。自分自身ができることをしっかり正しく行えば、必ず結果は出るからです。

弓道では決して動かないものがあります。

それは的です。

的は動きません。しかし、私たちは的を狙おうと弓を構えると、グラグラとゆれて狙いが定まりません。でもこのとき、繰り返しますが、的は動いていないのです。ということは、**動いているのは自分自身。自分が勝手に混乱しているのです。**心が乱れたまま打った矢が的の中心を捉えることはありません。

先ほどの飲食店の店員を例にとりますと、たしかに店員の態度はひどい。しかし、相手の事情まで思いを至らせた途端、相手への見方が少し変わったことに気がつくでしょう。

相手は変わっていないのに、自分が変わっただけで見方が変わってしまう。それは、天動説と地動説の違いくらいの差があります。

自分の中に「第三者委員会」をもうける

つまり感情のままに突っ走って行動をすると、よいことはないのです。

なぜうまくいかないんだろうと思ったら、その結果を嘆くより、原因を分析したほうが建設的ですし、気持ちが前向きになります。

もしも、とても自信があるプランが通らなかったとしたら。

決定権のある部長に対して恨み言を言う前に、**その理由を冷静に分析することが第一**だと思うのです。

あなたが誰よりも優れた案を出し、きちんとプレゼンできていたら間違いなく通るはず。でも通らないのなら、その理由がどこかにあるはず。

一回冷静になって考える。その時間が必要なのです。改めて理由と原因を見直した結果、やはり部長のえこひいきが原因だという結論に達したら、そのときはしかるべきところに苦情を入れてもいいでしょうし、転職を視野に入れてもいいでしょう。
改めて見直した結果、自分の提案に落ち度があったとしたら、次回はもっとよいものを出せばいいのです。

私がみなさんにお伝えしたいのは、**結論を急がない**ということ。**自分の心の中に「第三者委員会」をもうけて、そこで時間をかけて結論を出せば、それに納得できるでしょうし、時間の経過とともに頭も冷えて冷静な行動ができるでしょう。**

弓道では「動かない的が答えを教えてくれる」といいます。繰り返しますが、的は正しい答えを知っています。

失敗したりうまくいかないときに、下手に動き回っているのは自分だということ。的に矢が当たらないのは自分の弱さ、そして至らなさゆえ。
「なんで当たらないんだ」と的を責める人はいないでしょう。
まずは自分の弱さを認めることから始めましょう。これもあきらめの一種。

私は激しい運動ができませんでしたが、大きくなってからはそれを悔やんだり、マイナスに思ったことはありません。

長い距離は走れませんが、自転車があります。泳ぐのも苦手ですが、浮き輪があれば浮くことはできます。


己の弱さを知り、冷静に自分を見つめ直すことができた人だけが、次のステップに進めるのです。


大切なのは不動心。

ルーティンを繰り返していれば必ず結果が出る、というのが弓道。周囲の雑念は気にしなくていいですし、自分がいつもやることを普通にやれればいい。結果が出ないということは、途中でトラブルがあるということ。

弓道はメンタルの強弱が試合に出ます。でも、的が動かず自分も動かないのならきっと当たると冷静に考えることが大事なのです。

弓道は矢が的に当たっても当たらなくても、試合が終わるまで一切のリアクションをすることは許されません。ガッツポーズなど、もってのほか。

平常心を保ち冷静に見つめなおすことで、さらに高いパフォーマンスを発揮することができるのです。

あなたが自分を冷静に見つめなおせば、きっと正しい道順が見つかるでしょう。不動心を体現することが必要なのです。

summary

- 型が正しければ結果は出る
- 相手の事情に思いを巡らせると、世界が変わる
- 自分の弱さを認める
- 失敗したりうまくいかないときに、下手に動き回っているのは自分

Mind Reset NO. 09

「発想の転換」を習慣化する

動物界で最強の動物を決めるとして、シャチが最強だと言う人がいます。一方でクマが最強だと言う人もいます。

海で戦ったら、明らかにクマよりもシャチが強いでしょう。しかし陸だったらどうでしょう。そもそも異種格闘技戦をしようという発想がおかしいのだ、という意見は置いておいて、クマが有利なことは間違いありません。このように違うふたつのものを私たちは比べたがります。

私たちはそれぞれが違う人間なのに、比べること自体がおかしい。そう考えれば少しは気持ちが楽になるのではないでしょうか。

あなたを執拗に攻撃してくる人がいます。あなただけを目の敵にする同僚がいたとします。

彼ら彼女たちは、あなたのことを、思い込みで決めつけているのかもしれません。この人は仕事が遅くて職場の和を乱すタイプである、などと。

人間は自分の思い込み（認知）を通して物事を見ています。一般的には状況や場合に応じて、認知は変化していくのですが、ときにその思い込みから逃れられない人もいます。

初対面の印象が悪くても何度も接しているうちに相手の印象がよくなったという経験が誰にでもあるはずです。ただし、思い込みが強く、決めつけがちな人というのが世間にはいるのです。

やたらと血液型にこだわったり、生まれた地域や、国籍だけで一括《ひとくく》りにした話し方をする人はいませんか。

「性格がいいかげんだからB型とは付き合えない」

「名古屋の人間はケチで運転が荒い」

「韓国人は日本人が嫌いだから行くと危ない目にあう」

こういう話し方をする人は要注意です。

思い込みが強い人は、あなたを自分のペースを乱す異分子であるとみなしたら、その評価を変えることはないでしょう。一度そう思い込まれると、どんな行動をしても裏目に出てしまうのです。

※「みんなから愛される」は非現実的

クレームの電話に対して、あなたが会社の評判を落とさないように丁寧に対応したとします。しかし、よかれと思ってしたことでも、思い込みの強い上司がそれを評価するかどうかは、別の問題です。

「そんな電話はすぐに切り上げて、他の仕事で生産性を上げてほしい」

上司の目には、無駄な電話を切り上げず生産性のある仕事をしない「使えない部下」として映っているかもしれません。とても悲しいですよね。

思い込みは、あなたの中にもきっとあります。

みんなから愛されるほうがいい。多くの人に信頼されるほうがいい。

あなたが生活するために給料をもらう。人生において仕事は大きなウエートを占めるでしょう。職場はあなたにとって大きな意味を持つコミュニティーです。

職場ではみんなに認められたい。みんなに好かれたいという気持ちが発生するのは当然のことと言えます。

でも、その思いが、**「そうあるべきだ」という強迫感や義務感になってしまうとそれは少し問題かもしれません。**

「みんなに愛される」という理想はかなり非現実的だからです。実際にそうやって愛されてきた人を身近に見てきた経験があるのかもしれません。

ただ、理想と現実は違います。

あなたが愛されるために自分の意見を押し殺してトラブルを避けて行動すれば、次第にあなたは周囲の目や意見を気にしすぎてビクビクしながら過ごすことになるかもしれません。心を病んでしまう人の多くは、周囲の人の意見を気にしすぎてしまう傾向があります。

あなたが最初にすべきはその思い込みを捨てることです。あきらめることです。

みんなから愛されなくたっていいじゃないですか。どんな名店だってネット上の口コミサイトで低評価をつける人がいます。その理由は料理ではなく店員の言動だったり、店の造りだったり。些細なことが低評価につながり、点数に反映されます。

つまり、あなたがどんなに素敵な人だとしても万人に好かれるのは無理だと割り切ることが必要なのです。

人に好かれたいし、好かれたほうがいいのはわかっているけど、全員に好かれることはできない。

そう思うだけであなたの気持ちは楽になるでしょう。

昔は女性であれば貞淑《ていしゅく》、男性であれば勤勉こそが美徳とされましたが、現在では価値観も多様になり、恋愛に奔放な女性や、面白い動画で生計を立てる男性が認められる時代になりました。

誰からも好かれるなんて土台無理な話。だったら具体的にどうなりたいのかを考えてみましょう。つまり発想の転換です。

あなたを好きでない人は、**必ずしもあなたの人格を否定しているわけではない**のです。だったら、今のままでいいじゃないですか。

目標は低くていい

私がおすすめしたいのは**「半分くらいの人に好かれること」**を目指すことです。ふたりにひとりくらいなら、なんとかなりそうな気がしませんか？

今のままの自分を大切にして、半分の人に愛してもらえるような立場を気楽に目指しましょう。

こういった目標は、低くていいんです。たとえば今日から毎日ジョギングを続けるぞ、と思うとひと月後に挫折する様子がありありと浮かびますが、2日に1回ウォーキングすると考えたら意外と長続きしそうな気がするでしょう。

人生はマラソンにたとえられますが、ゴールは早く目的地につくことではありません。ゆっくりと沿道の景色を楽しむことができたら、それが一番幸せな人生ではないでしょうか。

心の問題は「なんとかなる」では乗り切れない

チームの調子が悪くて改善を求められたサッカーの監督がいるとします。「どうにかなるから頑張れ！」と精神論で乗り切ろうとする監督がいたとしたら「無能」であると断言できます。

優秀な監督は、きっと失点のパターンや、得点が取れない原因を分析するでしょう。そして対策を立てるはずです。

失敗が続いたり、ミスの原因が自分にあるような事案が続いたのなら、**その原因をしっかりと探ってみる**のがいいでしょう。

もしあなたが女性で、男性の顧客からクレームの電話を延々と受けるケースが続いたとします。それを自分以外の社員が対応したところ、すぐに解決したとしたらあなたはきっと落ち込むことでしょう。あなたの能力に疑問符をつける人もきっといることでしょう。

しかし、ちょっと考え方を変えてください。相手の男性はあなたが女性だから粘着しているのだとしたら？

クレームを入れてきた相手は日頃の鬱憤《うっぷん》を晴らしているのかもしれません。あなたはそのはけ口になっている可能性もあります。

他の社員が対応したらすぐに収まったのは、その社員が男性だったからかもしれません。クレーマーは相手を見て攻撃をするのです。

会社の業績が不振になったら、外部のコンサルタントに頼んで、業績を立て直してもらおうとするのに、心の内面の問題になると「なんとかなる」で乗り切ろうとすることに私は危惧を覚えます。**健康診断を受けるように、心の弱さに向き合うことも大事な発想の転換**なのです。

summary

- 出会う人の半分くらいに愛される自分をイメージする
- あなたを好きでない人でも、あなたの人格を否定している訳ではない
- 自分を責めない

Mind Reset NO. 10

考え込まない

あなたの人生を不幸にしているものはなんでしょう。

苦手な人、嫌いな上司、終わらない仕事、実家の親からのプレッシャー、上がらない給料。数え上げればキリがありませんよね。

でも、もし、あなたを不幸にしている原因が、それら一つひとつではなく、「あなたがそれに頭を悩ませていること」だと言ったら、あなたはどう思うでしょうか。

真面目にひとつのことを考えすぎることはよくありません。なぜなら視野が狭くなってしまうからです。

ひとつのことばかり考えるという行為は、とても自己中心的な発想であるとも言えます。考えたからといって正しい結論が出るとは限らないからです。

夜中に書いたラブレターやメールの文面を思い出してください。

文章を情熱的に綴って満足しても、翌朝に読み直すと、途端に気恥ずかしい思いになった経験はありませんか？　目の前のラブレターを書くことにのみ気持ちが向き、受け取る相手がどう考えるかなど、他のことへ気が回っていなかったのではないでしょうか。

ツイートなどSNSに書く内容は、玄関の外に貼っても問題のないものにしよう、と言われています。私のおすすめ方法は、ツイートを下書き保存し、翌日見返してみて、それでもつぶやきたいかどうか判断するというものです。

悩むときは「期間限定」で

とにかく、**ひとりで考え込んではいけない**ということです。**もし考えるのだったら、期間限定で**、と決めるのはどうでしょう。この仕事を定年まで続けていてもいいものか。この人とずっと付き合っていてもいいのだろうか。

あなたにとって大事なのは果たして先の見えない未来でしょうか。それとも5年後？　10年後？

いいえ、**あなたにとって大事なのは今**です。

何十年も先のことを考えて、明日死んでしまったらなんの意味もありません。

すぐに決断ができない人は、**あなたが1年後にどうしたいか**考えるといいでしょう。

1年間は今の彼氏と付き合ってみる。嫌なところを改善してくれたら、そのときは結婚する。そうでなければ別れる。

仕事がつまらないなら、異動願いを出したり、仕事のやり方や取り組み方を抜本的に変えてみる。それでも楽しくないなら、転職を考えてもいいでしょう。

うじうじと悩んでいたら1年がたっていた。そんなことに時間を使うのなら、期限を設定して悩む、と決心してください。

一番の味方が一番の理解者とは限らない

悩み始めたあなたを苦しめているのは、意外にも親身になってくれたはずの友人や親だったりします。

一歩下がっていろんな視点で考え直すべきだ。そう決心したあなたに対して、友人や親はあなたのためを思っていろいろなアドバイスをくれます。

しかし残念ながら、それは必ずしもあなたのためになるとは限りません。

なぜなら、**あなたのことをよく知っている人間がアドバイスしているという先入観が、あなたの判断を鈍らせる**からです。

過去に痛ましい事件がありました。ブラック企業に勤めている息子を持った親御さんが「仕事がつらい」と相談されたときのこと。心配はしつつも、「もう少し頑張ったら」とアドバイスをした結果、息子さんは上司からの暴力やパワハラに耐えきれず自殺してしまったのです。

「会社を辞めたい」と相談されたときに、あなたはなんと答えますか？「いいじゃない。辞めちゃいなよ」。そう気軽に言えないことが多いのではないでしょうか。

特に親は自分の子供が挫折《ざせつ》をすることに臆病になってしまう傾向があります。「会社なんて、本当に嫌だったら辞めなさい」と言ってくれる親はあまりいないような気がするんです。

親の頭の中には、会社を辞めて再就職に難儀するイメージが浮かんでいるのかもしれません。このご時世、確かに再就職に困っている人は多いようで、そのネガティブなイメージが、「もう少し頑張ったら」というアドバイスにつながるのでしょう。親は皆、わが子に安定した幸せな生活を送ってほしいと願うものです。

確かに親は、あなたの一番近くにいる味方です。でも、あなたがすぐに考え込む真面目な性格で、親の助言を大切にする性格なら、まずはそれを自覚しておきましょう。心地いいことばかり言ってくれる友人のアドバイスも要注意です。本当にあなたのことを理解しているなら、耳障りのいい言葉だけですむわけがないからです。

SNSやインターネットの世界も同じです。ネットの海は、あなたにとって居心地のいい空間のはずです。ツイッターやインスタグラムでは、あなたは苦手な人をフォローしていないでしょうし、フェイスブックも基本的にはあなたの友達しかいないでしょう。SNS上は、あなたにとって都合のいい情報ばかりがフィルタリングされている世界なのです。

さらに言えば、インターネットで検索する際も、実は自分の都合のいい情報ばかりを意識的に選択している可能性があります。そうやって、どんどん視野が狭くなってしまう……。つまり、あなたに必要なのは、情報を遮断することかもしれません。

負の感情にとらわれそうになったら、好きなことに思いを巡らせる

もしも仕事がつらかったら、会社なんていつでも辞められると思えばいいのです。考え込みそうになったら、カウンセラーなどに相談してもいいでしょう。それはあなたに客観的な意見をくれる貴重な第三者だからです。

パチンコで負けると熱くなってしまい、どんどんお金をつぎ込んでしまうギャンブル依存の人がカウンセリングにかかるのと同じ、というとあなたは少し嫌な気持ちになるかもしれませんが、特定のことしか考えられなくなって日常生活に支障をきたしているという点では差異がないのです。

あなたの思い込みや先入観を共有していない誰かに、セカンド・オピニオンをもらってください。

ひとつのことに意識をとらわれると、そこから悪循環に入っていきます。通勤ラッシュでかゆいところをかけずにずっと我慢していると、そのことしか考えられなくなりませんか。特に混雑した電車内ではほかに意識が向く要素が少ないため、全意識がかゆみにフォーカスしてしまいます。

ダメだと言われると、余計に気になる。意識していると、そこにばかりフォーカスしてしまうのが人間です。でも、本当はどこかが痛かったとしても、ほかをぶつけたらそっちに痛みの意識が行く、それが普通のはずなんです。

大事なのは**視野を狭めないために、違う世界を見ること**です。

負の感情にとらわれそうになったら、楽しいことに思いを巡らせるといいでしょう。アフター5で行きたい店をネット検索して気分転換を図る。あるいは、週末の旅行を考える。次の引っ越し先を探す。次の転職先のことを考えてもいいでしょう。

私のおすすめは間取り図を見ることです。

物件サイトで気になる部屋の間取りをブックマークして、どの部屋に何を置くか、あるいはどんな暮らしをするか想像をして楽しむのです。

間取り図はネット上でタダで見られますし、想像力を掻《か》き立ててくれます。ここにいない自分を想像することができます。

車や時計、アクセサリーのカタログを見て、違う自分をイメージするのもいいですね。新しいもの、高価なもの、良質なものからはいいイメージがどんどん浮かんでくるはずです。

気分転換のひとつの方法として、ぜひ覚えておいてください。

summary

- 夜中に思い詰めない
- 会社はいつでも辞められる、と理解する
- 自分の思い込みや先入観を共有していない誰かに、セカンド・オピニオンをもらう
- 負の感情にとらわれそうになったら、楽しいことを思い浮かべる

Mind Reset NO. 11

鈍感力を身につける

「あなたは鈍感だね」と言われたら喜んでください。

鈍感とは感じ方が鈍かったり、気がきかない様子を示します。しかし「鈍感」はこの世知辛《せちがら》い世の中を生き抜く大事な能力ともいわれています。

鈍感であることは、あなたの人生にどんなメリットがあるのでしょうか。ひとつずつ例を挙げて説明していきましょう。

鈍感な人は、おそらくすべてにおいて鈍感なわけではありません。自分の興味のあることには素晴らしい集中力と能力を発揮することがあります。

少し古い作品になりますが、『釣りバカ日誌』という映画があります。主人公である万年ヒラ社員のハマちゃんは、上司に教わった釣りにハマってしまい、釣りのことばかり考えて暮らしています。

もちろん会社での評価は低く、出世をあきらめているようにも見えます。

しかし、ハマちゃんは勤務先の社長とは実は釣り仲間で、社長の釣りの師匠でもあるのです。

自分には釣りがあるという余裕ゆえ、彼の人生はとても満たされています。仕事でどんな評価をされても何を言われてもどこ吹く風といった様子です。

ハマちゃんにとって仕事は苦痛でしかないのでしょう。「仕事に行きたくない」が口癖ですから。

しかし、ハマちゃんの人生はとても充実して楽しそうに見えるのです。

人間はおそらく生きていられるだけの給料を稼げばいいはずです。それなのに仕事で認められたいという気持ちは必ず生まれてきます。でも、実はそこまで期待されていないかもしれません。

自分じゃなきゃダメなんて仕事は滅多にないと思ってしまえばいいんです。

相手の言動を深読みしない

情報に過敏にならないことも大事です。

エゴサーチがいい例です。芸能界に入ったばかりの若いタレントさんは、ツイッターなどでエゴサーチをすることを禁じられるそうです。SNSは匿名でも参加できるゆえ、悪意の塊に触れる可能性があり、感受性の豊かな人だったらそれだけで心がまいってしまうからです。

まずは**情報を取捨選択する**ことを始めてください。

自分に不要な情報が入ってくるようだったら、インターネットやSNSを遮断するか、1日1時間だけなどと時間を決めてください。

楽しく使っていたはずのSNSが、ストレスに感じるようだったら、あなたはSNSですり減っているのです。自分に心地いい情報を探そうとした結果、偏った思考に陥ってしまう危険性もあります。

SNSをやめれば突然時間が生まれます。

電車の移動中や、自宅のリビングでくつろいでいる時間をあなたはどう使っていいか最初は戸惑うことでしょう。

しかし、その時間こそがあなたにとってチャンスの時間。好きな作家の本を読んだり、趣味に使ったりと、自分にとって最も有意義な使い方ができるでしょう。最新のトレンドスイーツや芸能人のゴシップなんていち早く知らなくてもいいじゃないですか。

情報に鈍感になることで、自分の必要としている情報を見極め、効率よく吸収することができるのです。


相手の言動を深読みしないことも求められます。

相手の言葉の裏にあることを深読みしようとする、それだけであなたの心は疲弊していきます。

有名な話なので知っている方も多いと思いますが、京都でお茶漬けをすすめられたとしたらそれは「帰れ」という意味なんだとか。上方落語「京の茶漬け」にある話がひとり歩きしたとも言われています。

その昔、友達の家に上がり込んで長居していた大学生たちが、その友人のお母さんにお茶漬けをすすめられて「いただきます！」と大声で答え、その家の人が慌ててお茶漬けの食材を買いに行ったという記事を読んだことがあります。

話の真偽はわかりませんが、そのエピソードを聞いた京都の人は、無作法な若者たちに眉をひそめるのでしょう。でも、私はその話を聞いて大笑いしたい気持ちになるんです。これくらい自由でいいじゃないですか。

「鈍感になる」とはバカになれということではありません。**鈍感になれば、身軽になって、人生は楽しくなる**と思うのです。お茶漬けをいただいた大学生たちは、きっと京都が好きになって帰っていったのではないでしょうか。

小さなことでクヨクヨしない

鈍感になる。それは「**小さなことでクヨクヨしない**」と同義です。

真面目な人ほど、小さなことをクヨクヨと考え過ぎてしまう傾向があります。だったら、考えるのをやめることから始めませんか。

クヨクヨ考えても仕方ないことばかり。だったらその考え方をやめればいいのです。

嫌なことに対して、どんどん鈍感になりましょう。

ある政治家がこう言いました。

「政治家に必要なのは鈍感力だ。目先のことには鈍感になれ」

緊急の災害などは除くとして、政治家にもっとも必要な資質は鈍感力であると説いたのです。

政治家が何かをしようとすると必ず反対意見が出ます。あるいは選挙などの目先の利益にとらわれる人もいるでしょう。

しかし、大局を見据えた場合、一番大切なのは、近視眼的な考え方に陥らない、広い視野であるとその政治家は結論づけました。

政治家に必要なのは、周囲の声に動じない鈍感力だと説いたのです。

「鈍感」とは、どんなときでも、**嫌なことがあってもクヨクヨしない生き方を表す言葉**です。

鈍感な人には、いくつもの素晴らしいメリットが訪れるでしょう。

鈍感な人は、好きなことは苦と感じません。「ここまでしかできない！」と自分の限界を作ることもなくなるでしょう。

他人の意見に鈍感であることで、他人の意見に左右されることなく、自分の意思を最優先することができます。

「大人物には鈍感力が備わっている」と言われることがあります。

たしかに、人の意見に右往左往することなく、自分の意志を徹頭徹尾つらぬき、目的に向かって邁進するのは「誰にでもできること」ではありません。

ただし、ひとつだけ注意したいのは、「鈍感」とは決して打たれ強いことではないということ。

打たれたと感じない心の持ち方を指すのです。

打たれ強くなるのは、どんどん気持ちが硬くなって、柔軟性を失いかねません。

あなたの知り合いがあなたの悪口を言っていたとしたら、決してそれに慣れてはいけません。

悪口に慣れる、それはただ攻撃に備える経験値が増えただけ。あなたの心の重荷はなくなっていません。

鈍感とは、悪口を言われても気にしないということ。**あの人が何を言っても、何も私の人生に影響を与えないと、はなから相手にしない**のです。自分は自分と生きていけばいいじゃないですか。

鈍感力とは、どんなときもクヨクヨしないで、へこたれずに物事を前向きに捉えていく力のことなのです。

summary

- SNSのエゴサーチはやめる
- 相手の言動を深読みしない
- 自分に対しての悪口には慣れないようにする
- 自分は自分で生きていくと、心がける

Mind Reset NO. 12

体を動かし、心の余裕を作る

運動が心の余裕につながることがあります。

体を動かした夜はスッキリと眠れることがありませんか。さらに、翌朝の目覚めも良く、快適な1日の始まりを迎えることができます。

運動には心を元気にする力があります。幸せホルモンとも呼ばれうつ病などで下がるとされているセロトニンも、リズム運動を一定時間行うことで増えるといわれています。

私の患者さんには、作業療法の一環でストレッチをしてもらうことがあります。ヨガなども効果的です。筋肉が張っていると、それだけで頭痛がすることもありますので、筋肉を弛緩させることは心の健康にもつながります。

以前、ヘルニアからうつ病を発症した芸能人の方のニュースがありました。身体症状からうつになる事例も報告されていますし、体の不調が心に及ぼす影響ははかりしれないのです。

自分の心の余裕がないことには、嫌なことをスルーできません。心の余裕は体を動かすことから生まれてくる場合もあります。

ストレッチで体をリフレッシュさせるのもいいでしょう。ヨガ、瞑想でリラックスしましょう。お風呂は血流がよくなり、筋肉がほぐれるので効果的でしょう。湯船にゆっくりとつかることを心がけてください。ランニングやウォーキングなどの有酸素運動もおすすめです。

ニューヨークタイムズの記事によると、有酸素運動の仕方によって被験者を3つのグループに分けたところ、運動量が最も少なかったグループと最も多いグループではうつ病を患う確率に大きな差があることがわかったそうです。

アメリカのデューク大学のブルメンタール教授は、うつ病患者に運動を行わせることでうつ病が回復するという研究を発表しました。もちろん確たる因果関係はまだ立証されていませんが、運動でうつが悪化したという事例は聞いたことがありません。

運動療法のもうひとつの利点は、**確実に体力が向上すること**です。体が資本とは言いませんが、体力を蓄えておくことは、いざというときにあなたのスタートを後押ししてくれると思うのです。

運動で自己肯定感を高める

ここからは少しマニアックな話をしましょう。

「セロトニン」は別名「幸せホルモン」とも呼ばれる物質です。みなさんも名前は聞いたことがあるでしょう。多幸感を生み出す源と言われ、セロトニンなどの量が減少し働きが低下すると、さまざまなうつ病の症状があらわれるのではないかといわれています。

セロトニンを増やすには**一定時間のリズム運動をすること、そして日光を浴びることが効果的**だと言われています。

凝り固まった筋肉をほぐすには、「リラクセーション法」が推奨されています。

体の各部位に力を入れた後にフッと脱力をすることで筋肉を緩めます。「リラックスして」と伝えても、人はなかなか脱力ができないので、力を込めた後に脱力をする感覚を味わってもらい、徐々に身につけてもらいます。体の各部位にどのように力を入れればよいかは、次の①〜④のように試してみてください。

①【腕】両こぶしを握って腕を曲げてください。

②【肩】肩は後ろに反らせ、肩甲骨を背骨に寄せ、左右の肩甲骨がくっつくようにします。次に両肩を耳にくっつけるように上げましょう。

③【顔】両目をかたく閉じ、鼻にしわが寄るように目と口を鼻に近づけ、口はひょっとこのようにして舌で口の上を押しながら、歯をかみしめます。

④【足】片手のこぶしを両ひざで挟み、こぶしを左右から押しつぶすように、ひざに力を入れます。また、両手を左右のひざに当て、手はひざがくっつくように力を入れ、ひざは手の力を押し返すように、足に力を入れます。

①〜④の動作をした後にフッと力を抜き脱力することで、筋肉を緩めることができます。これにより、あなたの体と心は一気に軽くなるかもしれません。

運動をすることのメリットはふたつあります。

ひとつは**体と心の健康を得られること**。もうひとつは**定期的に運動をすることで健康と見た目に自信を得られること**です。

自信のなさは見た目に起因することが往々にしてあります。どんなにきれいな人でも自信がない人がいることに驚きますが、定期的にトレーニングをしている人の自己肯定感は特に高いという研究があります。

それは運動して、自分がよりよくなったという実績が自信につながるからかもしれません。

アメリカの学術誌に掲載されたある研究によると、運動を行った人は、実際に体に変化が現れていなくても、自分の体型を肯定的に捉えるようになるそうです。

自分が努力した結果が、体と心によいイメージを与えていることがよくわかります。

徐々に結果が出始めると、自分で頑張った過程を振り返るようになります。

これまで積み上げてきた実績が、体重や筋肉などの実績になっているのを数字で確かめることで、さらにモチベーションが上がり、満足を感じるのです。**小さな達成目標を作りそれを実現し積み重ねることは自信になり、自己肯定的な考えにつながります。**

自信が生まれるとどうなるのか。「心の中から輝き出す」という表現が適切かはわかりませんが、表情が豊かになります。

端的に言うと、**内面から自信があふれて魅力的な人間になれる**のかもしれません。ファッションも変わりますし、ときには言動さえも変わっていくことがあります。

あなたもまずは、体を動かすことから実践してみてはいかがでしょうか。

summary

- ストレッチで体をリフレッシュさせる
- 湯船にゆっくりとつかる
- 定期的に運動をすることで健康と見た目に自信を持つ

第2章

自分が好きな自分になる

Mind Reset NO. 13

媚《こ》びない

「媚《こ》びる」とは、相手に気に入られるために、相手が喜びそうなポイントを素早く察知することで相手の機嫌を取ろうとする行為です。

本心とは違った言動で誰かに媚び、自己嫌悪に陥ったという苦い経験を持っている方もいるでしょう。

それでも媚びてしまうのは、その相手が持つ権力、名声などを眩しく感じているからです。あるいは相手の意見に同調することで、その威光を自分の目的を達成するため、あるいは日常生活を円滑にするために利用しようという下心があるからです。

媚びることを「コミュニケーション」だと勘違いしている人も多いようです。上司だけでなく、女友達やスクールカーストの上位にいるクラスメートに対して媚を売ったことがあるという人もいるでしょう。

仲よくなりたい人に対してお世辞を上手に使う人がいます。ときには、明らかにお世辞だとわかるようなことを言っても、言われた相手は悪い気はしないようです。

媚びる人は、親しくなりたい人に対して、意見や行動をできる限り相手に合わせ、本音と建前を上手に使い分けています。

媚びるのは防御心の表れ

しかし、それが自己満足に過ぎないとしたらどうでしょうか。媚びた相手の頬が瞬間的に緩んだとして、実は心の中で媚びた人間を軽んじていたり、鬱陶《うっとう》しいと思っていたとしたら?

繰り返しになりますが、「媚びる」という行為は相手に嫌われたくないという気持ちの表れです。相手が攻撃してくることを無意識に防御する行動ともいえます。

なぜ相手が攻撃してくるのか。その根本を解決しないまま、相手に媚びることで、知らずしらずのうちに相手のペースにハマってしまっているのです。そこには自発的なあなたの姿はありません。

また、媚びることが染み付いている人は、立場が下の人間に対しては、威圧的に振る舞うことがあります。ある意味それは、媚びることを強いているともいえます。

人に気に入られようとする振る舞いは、やがて習慣化して、相手からもっと強い刺激を求められることもあります。

なぜなら、媚を売られることに慣れた人は、それ以上の刺激がないと満足しないからです。麻薬と同じで、簡単にはその心地よさから抜け出すことはできないのです。

媚を売る側も継続的に媚び続ける必要が出てきてしまい、すり減り続けます。

疲れたからといって、媚びる行為をやめるわけにはいきません。媚を売られる側は、もうその状況を当然と考えるようになっているからです。前触れもなくお世辞がなくなったら、裏切られたと感じるでしょう。最初から媚を売らなければよかった、と思ってもあとの祭りなのです。

見返りを期待していないか

一方、媚びるという行為は、実は**相手の心の中にズケズケと入っていく不躾《ぶしつけ》な行為**ともいえます。私があなたのことをこれだけ持ち上げているのだから、あなたも私によくしてよ、という考えが見え隠れしています。

しかし、もしあなたが本当に相手を尊重していたら、そんな行動には決して出ないのではないでしょうか。

あなたが自分らしくいるためには、相手がどう思おうが気にしない、という態度を貫くこと。媚を売って誰かの歓心を買おうとしなければ、あなたはきっと自分らしい人生を送れるはずです。

summary

- 媚を売る行為は相手への防御心の表れ
- 自分にも相手にも尊敬の気持ちをもつ

Mind Reset NO. 14

自分を大切にする

自分のことを大切にしている人は、他人からも大切にされます。自分を大切にしていて、自分に自信がある人は、悪意の対象になったり、付け込まれたりしません。そして、他人に対して尊敬の念を持っているので、相手からも尊重されるのです。

「自分が自然体でいられるかどうか」を基準にする

とはいえ、自信は一朝一夕に身につくものではありません。
自信を持っている人は日々自分を見つめ、自分自身と向き合っています。

また、相手を必要以上に持ち上げたり、上に見たりしないことも大事です。

たとえば、あなたと同等の立場の人があなたに何かお願いごとをしてきたら、きっとあなたは冷静に判断して、そのお願いに応えられるかどうかを冷静に判断することでしょう。あるいは、自分より立場が下の相手が無理難題を言ってきたとしても、あなたはきっと相手にしないでしょう。

その対応が一番自然で、あなたらしいはずです。

それなのに、立場が上の人が無理なお願いをしてきたとしたら、突然そのお願いをどうにか処理しなくてはいけないようなプレッシャーを感じるのではないでしょうか。

自分のやりたくないことに嫌々付き合うことは、あなたをどんどんすり減らします。**大事なのは他人と適切な距離を置くこと。**自分を大切にしているかどうかは、つまり**自分が自然体でいられるかどうかにかかっている**のです。

ネガティブ思考の人は認知症になりやすい!?

一方、文句やグチを言ったとしても、それを習慣化しないことが大事です。

文句を言って不満をガス抜きするようなことが常態化すると、ネガティブ思考に陥ってしまいます。

「皮肉屋は認知症になりやすい」というフィンランドの実験結果があります。

ここで言う「皮肉屋」とは「自分以外、誰も信じられないようなネガティブ思考」の人のこと。この実験では、ネガティブ思考の度合いが強い人のほうが認知症になりやすいことが示されました。

悪口も、ネガティブ思考に陥らない程度にスパッと切り上げることが大切です。

自分を必要以上に卑下したり、謙遜しすぎないことも大事です。

テスト前に「全然勉強していない」と言ったり、試合前に「睡眠不足で体調が悪い」と弁明する行為を心理学で **「セルフ・ハンディキャッピング」** と呼びます。

これは人間の自己防衛本能から来るもので、失敗による自己評価の低下を防ぐ効果はありますが、それゆえに **向上心は低下します。**

自身の実力をきちんと評価して受け入れるから、課題を克服するための努力や、力不足をきちんと認識し、成長が可能となる のです。

まずは自分の価値をちゃんと知りましょう。取るに足らない人間だと思うなら、改善する努力をするのです。**結果ではなく、努力をする自分を好きになればいいんです。**

学生時代にみんなが好きだと熱を上げているアイドルよりも、もっと気になる人を見つけたときは、自分だけが知っている宝物を見つけたような気がしたものです。

それは自分が獲得した価値観だったからです。

誰かを好きになったら、その気持ちを大切にしてください。自分なんかダメだと思ってはいけません。あなたはあなた。**自分を大切にすれば、自分の価値をさらに高められる**のです。

summary

- 自分を大切にするため、自然な自分を保つ
- 他人の悪口は、習慣にならないようにスパッと切り上げる
- 努力をする自分を好きになる

Mind Reset NO. 15

沈黙に慣れる

沈黙に弱い人がいます。

「何か言わなければ」と思うのに言うべき言葉が見つからない、と焦った経験は誰にでもあるでしょう。

その焦りは、「沈黙はいけないこと」という思い込みが生み出しているようです。

バラエティー番組をはじめとしたテレビの影響なのか、沈黙を「悪」と考えている人があまりに多いことに驚かされます。

テレビで沈黙が続けば「放送事故」と呼ばれますが、実生活でも同じように考えている人がいるのでしょう。

沈黙が生まれるのは、自分が上手に会話を紡いで、テンポよく話せていないからだ、と、沈黙の理由を自分のせいにしてしまう。

そして、心優しい人ほど「何かを話さなければいけない」とプレッシャーを感じてしまう。その結果、沈黙が怖くなるのではないでしょうか。

沈黙を恐れるあまり、どうでもいいことをしゃべるのは正解ではありません。

天気、スイーツ、タレントなどの他愛もない話題を無理やり振って相手の答えを引き出したところで、相手との距離は縮まりませんし、何よりリラックスできません。

沈黙のポジティブな効能とは？

うまく言葉が見つからないときでも、焦る必要はありません。

沈黙とは、何もない時間ではないのです。

時計のカチカチという音、雑踏から聞こえるクラクション、店員のいらっしゃいませの挨拶、コップ同士がぶつかる音。
それらの音に耳をすませると、気分が落ち着いてきませんか。
普段の会話でも、沈黙が効果的に使われる場合もありますよね。
沈黙をポジティブに捉えませんか？
沈黙を怖がらない人は、一緒にいて安心感があります。
それは、相手の沈黙も許容している、ということだからです。

「この人といると余計なことを話さなくてもいい」という安心感は、あなたの価値を高めます。相手はあなたといることに居心地のよさを感じてくれるでしょう。
意味のないことをペラペラしゃべらない人間だという信頼も、同時に得ることができるかもしれません。

余裕のある人はむやみに言葉を並べない

沈黙を埋めたいと思ってどんどん話を繰り出す人は、一見相手のことを思って気を使っているようで、**実は自分の感じる気まずさを解消しているに過ぎない**のです。

沈黙が気まずいからと、余計なこと、意味のないことを話して相手の時間を浪費する。それはとても生産的な行動とは言えません。もっと言えば、自分勝手だと非難されても仕方ない行動といえるのです。

言葉は沈黙を埋めるためにあるわけではありません。

「余計な言葉がなくても大丈夫」。沈黙もまたひとつのメッセージなのです。

summary

- 沈黙を怖がらない人は安心感がある
- 意味のないことをペラペラしゃべるくらいなら「沈黙」を選択する
- 沈黙は信頼関係を示すメッセージ

Mind Reset NO. 16

自然体で生きる

自然体とはなんでしょう。

辞書には「力まずに物事に臨む（物事を処する）態度」とあります。

あなたはどんなときに自然体でいられますか。

「いつも自然体でいよう」と繰り返し言われても、自然体の状態がわからないようでは、なれるわけがありません。

まずは、あなたにとって自然体とはどんな状態かを知ることから始めましょう。

心を自然体にするにはどうしたらいいでしょうか。

仕事やプライベートを通して自然体で生きるためには、構えたり力んだりしてはいけません。イチロー選手はバッターボックスに入ったときに必要以上に力まなかったといいます。次はきっとこうなるだろう、と狙いを絞ってしまうと、もし違ったときに対応ができなくなってしまうからです。

力み過ぎていい結果になることはありません。

無理せず、背伸びせず、ストレスなく

大事なのは**先入観を持たないこと。どんな状況になっても柔軟な姿勢で対応すること**です。

あなたにとって自然な状況とは、無理せず、背伸びせず、ストレスなく過ごすことでしょう。とはいえ仕事をする以上、多少の緊張やすれ違いは生じるもの。ただ、その一つひとつを決して飲み込むことなく、違和感を抱いていることを認識しましょう。

人からどう見えるかを気にしてはいけません。自分の居心地がいいと感じられる時

間を過ごせばいいのです。

筋肉を弛緩させる2つの方法

物理的に肩の力みをほぐすことも有効です。

まずは肩の力を抜きましょう。全身の緊張をほぐすには、筋肉を弛緩させます。

これは古来から行われてきた「リラクセーション法」(105ページ参照)と呼ばれるものですが、体の動きにより、リラックス反応を誘導して、ストレス反応を低減させる効果があります。


また、エドモンド・ジェイコブソン博士が開発した「漸進的筋弛緩法《ぜんしんてききんしかんほう》」も有効です。

筋肉の緊張と弛緩を繰り返し行うことで、体をリラックスさせます。

たとえば、口をすぼめ、顔全体のパーツを顔の中心に集めるように10秒間力を入れます。その後、力を抜きぽかんと口を開けた状態で20秒ほどリラックスします。

これを体全体の部位で行うことで、リラックスさせるというものです。

特に現代人は肩が凝りやすいため、肩周辺のリラックスは有効です。

・胸を開くようにして上腕を外に広げ、肩甲骨をぐっと引き付ける。そして力を抜く
・両肩を上げ、首をすくめるように肩に力を入れる。そして力を抜く

これを繰り返すことで、各部位の筋肉が弛緩してきます。

大事なのは弛緩した状態を体感・体得していくことです。そうすればあなたの心は自然にリラックスして、のびのびと過ごすことができるでしょう。

summary
・多少の緊張やすれ違いが生じるのは当たり前。その違和感を認識する
・人からどう見えるかより、自分の居心地を優先させる
・全身の筋肉を弛緩させると、心も自然にリラックスできる

Mind Reset NO. 17

大切にされることを待たない

職場でないがしろにされている気がする。

友達の中で自分だけ扱いがひどく軽んじられている気がする。

それに比べて、あの人はいつもかわいがられていい思いをしている。自分の意見は流されることがほとんどなのに、あの人の意見は常に重要視されている。

なんでだろう。理由がわからないけど、とても苦しくて生きづらい。

こんなふうに嫉妬をしていたら、そんな自分のことも好きになれないですよね。

あなたはなぜ大切にされないのか。またはなぜそう感じてしまうのか。そこに大きな意味、理由はありません。

王様やお姫様でもない限り、生まれたときから何もかもを与えられて、ちやほやされて育つことはないでしょう。

そもそも、「誰かから与えてもらう」という発想を捨てるべきなのです。

自分から周囲の人を大切にする

自分が「大切にされるかどうか」は相手次第だとしたらどうしますか。

あなたは、相手に気に入られるために努力をすることになるでしょう。自分が好きな自分ではなく、だれかに愛される自分になりたい……。

このように、自分ではどうしようもないことにあなたの人生の幸せを委ねてしまったら、あなたはそんな自分を好きになれるでしょうか。

あなたの努力は、いつか報われる日が来るのでしょうか。

誰かにそっぽを向かれたとき、あなたは自分のことを好きでいられるでしょうか。

大切にされないことを気にしない。

それは誰かに大切にされることを待たない、ということです。
では、どうしたら、あなたはみんなから愛されるのか。
それは、**あなたが周囲を大切にすること**です。

「鶏と卵は、どちらが先にできたのか」と問われたとき、その答えを簡潔に答えることはできないでしょう。

これをあなたの話に戻すなら、誰に対しても親切でみんなから愛されている人がいたとして、その人は親切だからみんなに愛されているのか、愛されているから親切なのか。その理由を特定することに何も意味はないということ。

大事なのは、愛されていて、親切な人であるという事実がそこにあることです。

祝ってほしいなら、まず自分から祝う

あなたに必要なのは、自分が大切にされていないというネガティブな気持ちを捨てることです。

誕生日を祝ってくれる人がいないなら、友人の誕生日をあなたが祝えばいいんです。大切にされたい、大事にされたい、というやりきれない気持ちを抱えて「生きづらい」と思って毎日を過ごすよりも、自分は他人を祝福するために生まれてきた、と思って人生を過ごすほうが有意義な気がしませんか。

あなたの人生はあなたのもの。
誰かに与えられることを待つより、誰かに積極的に与える人生は、あなた自身に大きな安らぎを与えてくれるのです。

summary

- 「誰かから与えてもらう」という発想を捨てる
- 自分は他人を祝福するために生まれてきた
- 与えられるより、与える人生のほうが安らぎを得られる

Mind Reset NO. 18

未熟な自分を「許す」

言葉を聞くぶんには簡単ですが、いざとなると難しいのが「許す」という行為です。自己啓発本を見るとそこかしこに踊っている表現です。しかし、自分を許すにしても、何を許したらいいのか、どう許したらいいのか、どこまで許したらいいのか、それがわからないのです。

そもそも、許すってなんでしょう。

不甲斐ない自分、意地悪な自分、対人関係で上手に立ち回れない自分、心にもないことを言って周りを傷つけてしまう自分。

すべて許すのは無理でしょうが、どれを許すか、それは自分で決められるはずです。

子どものミスを許すように、自分の未熟さを許そう

小学生の子どもがサッカーの試合に出ているとします。

その子がミスをしたら、コーチは叱るかもしれません。試合のあとに反省を促すこともあるでしょう。でも、それ以降はきっとそのミスを叱り続けることはありません。

なぜなら、子供の技術が未熟だということを、コーチも周囲も理解しているから。

ミスは指摘されてしかるべきですが、何よりも大事なのは、なぜミスをしたのか、次にミスをしないためにはどうすべきかを、子供に理解させ、考えさせることでしょう。


でも、もしその子がずっとコーチに叱られ続けたらどうなるでしょうか。

「自分はダメだ」とどんどんネガティブな気持ちになって、きっといいプレーができなくなるでしょう。しまいには、サッカーが嫌いになってしまうかもしれない。

大人だってこれと同じです。

技術的にも精神的にも未熟だとわかっていれば、ミスを犯したことを延々と責めたりしないでしょう。気持ちも切り替えることができるでしょう。

それなのに、あなたは自分のミスを許すことができない。

1度目の人生で、まだ数十年しか生きていないというのに。そんなに高等な処世術が身についているわけでもないのに。サッカーを始めたての子どもと大差ないのに。

まず、**ミスをすること、上手に立ち回れないことは、当たり前**だと考えてください。完璧な人間なんていません。自分の犯した嫌な振る舞いは、必死に忘れてしまえばいいんです。

そして、他人に優しくなれない、情けない自分の姿を受け入れましょう。**完璧な自分をあきらめる**のです。

自分が損をしても、相手を許してみる

自分のことならともかく、相手の振る舞いに対して、怒りや負の感情が持続する場合があります。

相手を許すことで、自分だけが損な役回りをしているような気がしてしまうのです。

それでも私は、許すことを推奨します。

許すことで、損をするかもしれないけど、許す。

許すという選択をしたことで、あなたの心の中にあった黒い気持ちがどこかにいっているでしょう。あなたの日々の憂鬱を占めていたのが、なんてちっぽけなものだったか気づくかもしれません。

許すことを望んでいるのは、誰よりもあなた自身なのです。

summary

- ミスをするのは当たり前。完璧じゃない自分をあきらめる
- 他人を許すことができれば、自分の心も晴れる
- 人を許すことは、自分を許すこと

Mind Reset NO. 19

悩みを書き出す

あなたを悩ませる不安があります。

あなたをことさら不安にさせるのは、**不安の正体がよくわからないから**です。そしてあなたをさいなむものの大きさがわからないからです。

将来。人間関係。職場環境……。

なんとなくわかっていても、どれがあなたを最も苦しめているのか、あなたの視野を狭めているのか、きちんと理解できている人は多くはありません。

漠然とした不安が、あなたを日々苦しめているのです。

俯瞰で見れば、巨大迷路も簡単にゴールできる

私たちが治療として行うカウンセリングの中で、特に有効だと個人的に感じているのが、**紙に書き出す行為**です。

「筆記開示」と呼ばれるこの手法は１９８０年代にアメリカで生まれた心理療法です。その方法はいたって簡単で**「自分のネガティブな感情を書き出す」**だけ。

書き出すことで自分の感情を客観的に見ることができ、そうすることで不安を乗り切るというものです。

たとえば大きな迷路に挑戦しているときに、手当たり次第壁にぶち当たってゴールを目指したとしても、ゴールまでの道のりは果てしなく遠く感じることでしょう。

しかし、ドローンを飛ばしてゴールまでの道筋が俯瞰《ふかん》で見えたとしたら、あなたはきっとその迷路を簡単に乗り越えることができるはずです。

当たり前ですよね。でも、書き出して自分の悩みを客観視することには、ドローンと同じくらいの効果があるのです。

紙に書き出す2つのメリット

この手法のメリットは2つあります。

ひとつは**ネガティブな感情をすべて吐露できる**こと。

友達に悩みを相談しようとすると、少なからず話を膨らませたり、不都合なことは言わなかったり、話す内容の取捨選択を自分でしてしまいますよね。これを防ぐことができます。

細大漏らさず紙に書き出せば、それがあなたの不安のすべてということです。

もうひとつのメリットは、紙に書き出すうちに、**気持ちが落ち着き冷静になり、不安の正体を客観的に見極めることができる**ことです。

紙に書き出された悩みを自分で改めて眺めると、自分がこういうことを思って、こんなことに悩んでいたんだ、とわかります。

これまで「嫌だなあ」と思って蓋《ふた》をしてきた感情が文字になることで、冷静に向き合うことができるのです。

SNSなどで鍵付き（非公開）で書き出しても、同じ効果があると考えられます。

SNSに書くメリットは、書き出した日時が記録されることです。

1年後にその「ネガティブ日記」を読み直したとしたら、**自分がなぜこんな小さなことでクヨクヨしていたのか**とあきれることでしょう。

そして、それを**乗り越えたという実績があなたの自信となって、あなたをもっと輝かせてくれる**はずです。

紙に書き出す行為を続けることで、自分の感情を常に客観視できるようになります。

たとえトラブルや困難に直面したとしても、「この悩みもいつか笑って思い出すことができる」と、受け流すことができるのです。

summary

- 不安に押しつぶされそうになるのは、その正体が漠然としているから
- 悩みは書き出した瞬間から解決される
- 悩みを乗り越える経験が、自信をもたらす

Mind Reset NO. 20

最短距離を選ばない

電車の乗り換え案内をスマホで検索できる便利な時代になりました。あなたも、使ったことがあるでしょう。

出発駅と到着駅を入力すると、自動的にいくつかの経路が表示されます。一番上にはもっとも早い乗り換え方法が表示されています。

さて、ここで質問です。あなたは、どのルートを選ぶでしょうか。1分でも早いほうを優先して、そちらを必ず選ぶでしょうか。

すごく急いでいる場合は別として、私は人の多いターミナル駅を避けたルートを選ぶことがほとんどです。

数分の誤差だったら、たとえ到着が遅くなったとしても、空いている駅の乗り換えを選ぶのです。なぜならターミナル駅の乗り換えは人が多いぶんストレスも多いから。それなら、多少時間がかかってもスムーズな乗り換えがしたいからです。

このように、**人間は合理性や利便性だけで行動を選択しない**ということがあります。これは機械的ではない、とても人間らしい行為だと思います。

しかし、人生になると遠回りを嫌がる人がいます。きちんと計画を立て、思い通りにいかないとストレスを感じるのです。予測がつかない未来を、上手に楽しめていないのです。

回り道が人生を豊かにする

遠回りは本当に悪いことでしょうか。

人生はよくマラソンにたとえられます。マラソンは42・195キロという長い距離を走りますので、最初は調子がよくても、そのまま最後まで行けるとは限りません。

上り坂も、下り坂もあり、苦しい時間がやってきます。**脇目もふらずひたすらゴールを目指すのか、あるいは周囲の景色を楽しむのか。**

どうせならマラソンを楽しんで、沿道から応援してくれる人たちの笑顔に気づいたほうが、人生は幸せだと私は思うのです。

人生を山登りにたとえることもあります。

山登りはタイムを競い合うわけではありません。一目散に頂上を目指す人はあまりいないでしょう。

野に咲く花や、遠くに見える美しい景色、そしておいしい空気。それらを五感で味わうことが山登り、ひいては人生の醍醐《だいご》味《み》だと思うことができれば、心が楽になるとは思いませんか。

人生は寄り道が大事。

本を買うにしてもネットショッピングで欲しいものを効率よく買うのもいいのですが、たまには書店に足を運んで、興味のあるジャンル以外の本に触れることも、あなたの心を豊かにする上でとても大事なことです。

時間の余裕が心の余裕を生む

時間も余裕を持って行動しましょう。始業時間ギリギリの電車で通勤するよりも、20分前の電車に乗ったら混雑を避けられる上に、会社近くのカフェでのんびりした時間を過ごすことだってできます。

通勤でクタクタになってギリギリに到着して仕事にとりかかるより、前者のほうが圧倒的に生産性が高いのは明らかでしょう。

時間を生み出す努力をしましょう。**時間の余裕は心の余裕に直結します。**

Summary

- 人は必ずしも合理性や利便性だけで生きられない
- 人生を豊かにするのは寄り道や回り道
- 時間を生み出す努力が、心にも余裕を生み出す

Mind Reset NO. 21

白黒に分類しない

ダイエットのために始めた運動を毎日遂行できない、イコール失敗であると、極論してしまう。そして自分はなんてダメなんだと自己嫌悪に陥る。

これは**二極思考や白黒思考**と呼ばれる考え方で、白か黒か、0か1か、敵か味方かといった両極端な考えに陥りやすくなる傾向を指します。

二極思考の人は他人への評価が極端に変化することがあります。

ある人に対して好意的な感情を抱いていたのに、少しでも自分の気に入らないことがあると、一気に敵視してしまう。

「自分は騙《だま》された」と被害者意識さえ持ってしまうのです。

他人なんて、いつも自分の思った通りになるわけがありませんよね。

それなのに相手を自分のもの差しで分類して、2つの入れもののどちらかに入れてしまう。

ドラマや漫画の世界では、登場人物を「いいやつ」「悪いやつ」と分けて認識することがありますが、**実際の人間関係では、「いい人」「悪い人」で分類してしまうことは、健全ではありません。**

世の中には、2つに分けられないことが山のようにあります。

悪いやつだけど、いいところもある、そんな場合のほうが多いのです。

「白」でも「黒」でもない曖昧な状態を受け入れる

心の余裕がないときは、白か黒かという考え方をしがちですが、それぞれ**白黒の選択肢の間には、さまざまな中間の選択肢がある**はずです。

昨今、すぐにははっきりしない曖昧さに耐える能力**「ネガティブ・ケイパビリティ」**が注目されています。

「白」か「黒」以外にも「グレー」があることを認めていくためには、そんな宙ぶらりんに耐える能力が必要なのですが、我々は子どもの頃からすぐに正解の出るテストばかり与えられてきたため、つい、満点を目指そうとしがちです。

しかし、常に満点や100%を目指す必要はないのです。

目標の半分達成でもオッケーを出す

高い目標に挑むときは、50%でも達成できたら自分を褒めてあげてください。残りの50%は思いきってあきらめましょう。

最初から高い目標を作ったのなら、半分達成できたらそれでオッケーと、成功にゆとりを持たせれば、気分が楽になるでしょう。

ダイエットしたいなら、毎日は無理でも、週2回はお弁当を作って、週1回はジョギングする。
その結果をポジティブに評価すれば、その翌週以降も習慣化できるでしょうし、結果的にハッピーな結末が待っている気がします。

大切なのは、いいか悪いか、白か黒かなど、どちらかに決めつけないこと。
人間だって完璧な人はいませんし、すべてがダメな人もいません。
すべてがグレーゾーンだと思えば、たとえ失敗をしても、気分が楽になるでしょう。

summary

- 世の中には、「いい」「悪い」で分けられないことが多い
- 常に100%を目指さなくていい
- 人生の曖昧さを楽しむ

Mind Reset NO. 22

やらない後悔より、やった後悔

アメリカの心理学者ジュリアン・ロッターは、何かが起こったときに自分のせい（実力）と考えるか、ほかの誰かや、何かのせいと考えるかでその人の人生が変わるという説を提示しました。

「内的統制型」の人はよいことが起きたときは「自分が頑張った」から、悪いことが起きたときは「自分に原因がある」「自分の実力である」と考えるタイプです。

それに対して「外的統制型」の人は、よいことが起こったら「運がよかった」「簡単だったから」と判断し、悪いことが起こったら「運が悪かった」「あいつのせいだ」などと外的要因のせいにしてしまいます。

しかし、**自分の人生は自分でコントロールすべきものであり、誰かにコントロールされるものではありません。**

「内的統制型」は、自分と他者の違いを認識しているので、自分と他者を比べたりはしません。他者の長所を認めることができます。

自己肯定感が強く、好感も持たれやすくなります。

しかし、「外的統制型」は失敗の原因を自分ではコントロールできないものに求めてしまうため、周囲の影響を受けやすく、他者の行動を気にしがちです。自己肯定感も低くなります。

挑戦を阻む「最大の敵」は自分自身

何か新しいことに踏み切ろうと思ったのに、さまざまな要因から結局ストップがかかって行動に移せなかった。

そんな悩みをよく聞きますが、その原因があなた自身であったことはありませんか。

新しい自分になりたいと思ったとき、あなたの頭によぎったいくつもの言い訳。

「やはり自分には無理だ」「まだ早い、もう少し実力をつけてから」

そう思った時点であなたの体は萎縮《いしゅく》して、失敗ばかりイメージするようになります。

「やはりやめておこう」

そう結論を出すのに、時間はかからないでしょう。

このように**自分が行動を起こせないときは、「すべての言い訳に対して全力で反論」する**ことが、解決策として有効です。

「まだ自分には早い」と思って二の足を踏みそうになったら、

「確かにまだ早い。準備もできていない。だったら具体的にこれをすべきだ」

と自分の中で反論して、思考回路を前向きに切り替えるのです。

「髪を切る程度の気軽さ」で新しいことに挑戦する

「やらない後悔より、やった後悔」とよく言いますが、**人間の後悔の75％は「やらなかったことに対する後悔」である**というデータもあります。

僕自身も迷ったらすぐに行動に移すタイプですが、それを後悔することはほとんどありません。

髪の毛だって、伸ばしたり切ったりとコロコロ髪型が変わりますが、美容室で切った直後は「あまり似合わないかな」「失敗したかな」と思っても、数日すれば新しい髪型に慣れて愛着も湧いてくるものです。

どんな挑戦も髪を切る程度のことだと思ってしまえばいいんです。

言い訳しがちですぐ弱腰になる自分を捨ててしまえば、もっと自分のことを好きになれるでしょう。

summary
- 自分の人生は、自分でコントロールできる
- 弱腰モードになったら、無理やり前向きスイッチをONにする
- 迷ったら、とりあえず行動に移す

Mind Reset NO. 23

人生は「なんとかなる」

「人生はなんとかなるさ」

親がそう言ってあげると、子供は勉強にも興味のあることにもなんでも夢中になれるそうです。そうやって育った子供たちは、好きなことに力を注いで人生を楽しく切り開いていくのです。

首尾一貫感覚（sense of coherence：ＳＯＣ）とは、イスラエルの健康社会学者であるアーロン・アントノフスキーによって提唱された、**ストレスに柔軟に対応できる能力**のことです。

ＳＯＣはストレスへの対応に重要な役割をします。

前向きな鈍感力「なんとかなるさ」

SOCは次の3つの感覚が揃うことで成り立ちます。

①自分の置かれている状況を予測・理解できる
「把握可能感」(comprehensibility)

②なんとかやっていけるという
「処理可能感」(manageability)

③日々の営みにやりがいや生きがいが感じられる
「有意味感」(meaningfulness)

首尾一貫感覚を構成する3つの感覚は、お互いを補完し合うようにつながっています。この3つの能力があれば日々のストレスを乗り切れますし、想定外のことが起こっても、それらすべてに意味があると思えば、どんな困難が訪れてもまた乗り越えることができます。

「まぁなんとかなるだろう」と自信を持って、前向きに状況に取り組んでいける性格傾向のことですね。

☆「自分磨き」は健康維持にも役立つ

SOCが強い人ほどストレス耐性があり、健康も維持されやすいというデータがあります。

ストレスのない生活を送りたいなら、①〜③の項目を伸ばすことが大事です。いろんな場面を想定しておき、その困難に直面したとしても処理できるだけの能力を身につけておけば、ストレスなくハッピーに生きられるからです。

特に②の「処理可能感」は自身の能力を上げることで高まります。スキルを磨けば、場面を切り抜けるスピードも上がり選択肢も増えますし、自信にもつながります。

現状に不満を感じて文句を言うよりも、**なぜその現状に陥ったのかを把握し、ゆる〜くポジティブに自分自身をスキルアップさせる。**

そして、前向きな気持ちになったことに感謝する。

それこそ、自分が好きな自分になるために大事なことなのです。

どれだけ悩んだって、**まじめに生きていれば最後はどうにかなる**と信じましょう。

そう、人生は本当になんとかなるのです。

Summary

- 不平不満を並べるより、スキル磨きに精を出そう
- 「ゆる〜くポジティブ」が最強の生存戦略
- まじめに生きていれば、人生はどうにかなる

Mind Reset NO. 24

身近な人にこそ「感謝」する

「のど元過ぎれば熱さを忘れる」ということわざがあるように、人間は苦しい目にあってもすぐにその痛みやつらさを忘れてしまいます。

それは**忘れないと生きていけない**という、人間の素晴らしい能力でもあります。

忘れることができないと、私たちの脳はどんどん情報がたまってしまいます。

捨てられない本や雑誌がどんどんたまって、部屋を埋め尽くすのと同じで、適切に捨てなければいつか容量がオーバーしてパンクしてしまうでしょう。

たとえ本や雑誌を捨てたとしても、自分にとって本当に大事な情報は頭に残りますし、とるに足らない些末なことは記憶から消えるようにできているのです。

※失ってはじめてわかる「当たり前」のありがたみ

「忘れやすい」という観点で言うと、当たり前のことも意識から消えがちです。たとえば、地球には空気があって生物は呼吸ができているわけですが、空気の存在を常に意識している人はいないでしょう。

他にも、蛇口をひねれば水が出てきますが、それは当たり前のことではありません。もしあなたが、サハラ砂漠などの水が貴重な世界に生きているとしたら、そのありがたみがきっとわかることでしょう。

「恩を仇で返す」という言葉があるくらい、人は感謝の気持ちを忘れがちです。

今私たちが生きていること、仕事があって暮らしが成り立っていること、親が元気なこと、あなたが健康に生活できていること、紛争のない地域に生きていること――。数え上げればキリがありません。**人間はどんどん感謝を忘れてしまうのです。**

「感謝の心」は半径5メートルの世界をよくする

感謝の気持ちを持つことは、人生を楽しく生きる秘訣でもあります。

まずは目の前にいる人に、感謝をすることから始めましょう。

苦手な上司に感謝するとしたら、どんなことでしょう。

「仕事を手取り足取り教えてくれてありがとう」「自分の至らなさを気づかせてくれてありがとう」

嫌いな同僚に感謝するとしたらなんでしょう。

「自分の嫌なところを気づかせてくれてありがとう」「職場での円滑なコミュニケーションの大切さを教えてくれてありがとう」

親に感謝するとしたら、「産んでくれてありがとう」「学校に行かせてくれてありがとう」「元気でいてくれてありがとう」などなど……。

感謝の言葉は、すぐに伝えるに越したことはないのですが、実際に面と向かって口に出すとなると難しいかもしれません。

そんなときは、心の中で唱える、あるいは紙に書き出してみてはいかがでしょう。**感謝の気持ちを持ち続けると、まずあなた自身が変わります。**笑顔が多くなって、毎日を楽しく過ごすことができます。

次に、**あなたの周りの世界が変わります。**いきいきと内面から輝き出したあなたを見て、周囲の人はあなたを好意的に評価するようになるでしょう。

感謝の気持ちは、あなたとあなたの周りの世界を変える力を持っているのです。

summary
- 人は忘れっぽい生き物。感謝の心さえ忘れてしまう
- 感謝の言葉を伝えづらいときは、心の中で唱えるか、紙に書き出す
- 感謝の心を持ち続けるだけで、世界はもっと生きやすくなる

Mind Reset NO. 25

傾聴《けいちょう》する

人の話を真剣に聞くことは何よりも大事なことです。私たちの仕事でも「傾聴」は重要視されています。

とはいえ、人の話を聞けない人は一定数、存在します。なぜ聞けないのでしょう。それは**興味を持った相手以外の話は聞きたくないという、心の中の優越感・マウンティングからくる**ものが多くを占めます。

では、あの人は尊敬できる、面白い人だという判断はどこから来るのでしょうか。おそらく、それはあなた自身のもの差しによる判断ではないでしょうか。あなたは自分で相手を選別して、話を聞くか聞かないかを判断しているのです。

「傾聴力」で自己評価を上げ、仕事もスムーズに

自分が他人からどう評価されているかを気にする人は、他人の意見に素直に耳を傾けられないことがあります。

話を聞かずに理解した気になって相手の気持ちを踏みにじってしまう。

仕事の手順をきちんと聞かず、わかった気になってミスを犯してしまう。

このような状態が続くと、仕事面ではマイナスの評価を得ることになるでしょう。

同時に、コミュニケーションがうまくいかない経験があなたをさいなみ、その結果、あなた自身の自己評価を下げる結果にもなります。

相手の話をきちんと傾聴するのは、とても大切なことです。

では、ちゃんと聞くにはどうしたらいいか。

それは、**相手に興味を持つ**ことです。

何かの会合やパーティーで隣り合わせた人と、話が弾んで仲よくなった経験はありませんか。最初は互いに興味を持っていなかったのに、ふとしたきっかけで共通の趣

味や共通の知り合いがいることがわかって、どんどん話が弾んでいくパターンです。

でも、もし最初に興味を持てないまま会話をシャットアウトしていたら、その人について詳しく知ることもなかったでしょう。

「なんだか苦手だな」「感じ悪いな」「話し方が嫌い」など、苦手な気持ちを抱いたまま過ごしていたら、相手の話はあなたの耳に入ってきません。

まずは、相手に興味を持つこと。**この人から面白いネタを聞きだしてやろう、くらいの意気込み**で臨んでもいいかもしれません。

そうすればあなたは「自分の話を聞いてくれる人」だと認識されます。つまり興味を持ってくれていると理解されます。それは**あなたへの興味にもつながる**のです。

summary

- 自分のもの差しで相手を選別しない
- 「傾聴力」はコミュニケーションの基本
- 相手に興味を持ち、共感して話を聞く

Mind Reset NO. 26

高すぎる目標を掲げない

人生の目標を掲げるとしたらなんでしょう。
起業する。世界を旅して本を出版する。幸せな結婚をする。
あなたはその夢や目標をかなえるために、さまざまな努力をしていることでしょう。
しかし、その崇高な目標が、あなた自身を苦しめているとしたらどうでしょうか。

目標が高すぎて押しつぶされそうになっていないか

目標を立てることは大切です。

なぜなら遠くに見える山に向かって、一直線に歩くことができるからです。その目印がなかったらあなたは森の中をあてもなく歩き続けて、途方に暮れたまま一生を終えることになるでしょう。

ただ、その**目標設定が適切かどうか**を自問してください。

何かを成し遂げようと思ったとき、高い目標を立てなくてはいけないような気がしていませんか。でも、高すぎる目標は、得てして挫折してしまうことが多いのです。

大切なことは、挑戦して、達成したときの満足感を味わうこと。

高すぎる目標は、努力したのに報われなかったという苦い経験をあなたに残し、次の挑戦に対して臆病になってしまう可能性があるからです。

確実にクリアできる目標を設定する

ダイエットを例にするならば、年初に夏までに10キロ痩せるという目標を立てたとします。最初はそれが簡単に達成できる気がしたのに、6月が過ぎて7月になりだんだん焦りだし、最後はもう無理だと投げ出す。その繰り返しではありませんか。

まずは、誰にでもできる簡単な目標を立てて、それをクリアしていくことから始めましょう。課題をクリアして、成長している自分をイメージし続けるのです。

4カ月で4キロなら1カ月1キロ。1日だったらおよそ33グラム痩せると考えたらどうでしょう。突然クリアできそうな気がしてきませんか。

朝の体重がもし増えていたら、その日1日の食事の量を控えるなどして、帳尻を合わせればいいのです。

大切なのは継続性。そして**自分は続けられるという自信を持つこと。**達成できそうな課題を設定し、クリアし続けることで自信を獲得していくのです。

長期目標と同時に、短期目標も設定して、一つひとつクリアしていきましょう。

summary

- 高すぎる目標は要注意。挫折すると、苦い経験が残る
- 目標は、達成した後の満足感を味わうことに意味がある
- 簡単な目標を一つずつクリアして、自分を肯定しよう

Mind Reset NO. 27

お金と向き合う

生きていく上で「お金の話」は避けて通れません。言うまでもなく、生活するにはある程度お金がかかるからです。

ただ、お金の話を避ける人が多いことが、私は気になります。生きがい、やりがい、そればかりにとらわれて、やりがい搾取《さくしゅ》とも言える状況に陥っている人さえいます。

堂々と「お金の話」をしよう

日本では、長らくお金の話はタブーでした。最近は、お金や資産運用について解説する書籍も売れているようですが、それでも口に出しづらい傾向があると思います。

なぜお金がタブーになったのか。

それは生々しいイメージがあるからではないでしょうか。

あの人の年収はいくらだから、おそらくこんな生活をしているんだろう、など自分と比べやすいからでしょう。


しかし私たちは、お金を稼がなくては生きていけません。

お金がもっと欲しいと思ってもどうしたらいいかわかりませんし、学校では稼ぎ方の正解だって教えてはくれません。

最低限、いくら稼げば生活できるかも知らない人が多いそうです。


ある不動産会社のホームページによれば、家賃4万円、食費3万円程度とかなり切り詰めた生活をすれば、東京でも年収200万円あれば生活できるそうです。

大卒初任給の平均は200〜300万円程度なので、贅沢さえしなければひとり暮らしできることがわかります。

お金は大事にする人の元に集まってくる

あなたの生活をもっと充実したものにするためにはお金が必要です。

海外で英語が勉強したい、資格を取りたい。

あなたがお金を必要だと思ったら、それを隠すことはありません。なぜなら、お金というものは、**お金を愛する人の元に寄ってくる**からです。

「私にはお金が必要です。なぜなら親の面倒を見ながら、資格を取りたいからです」と公言してしまえば、あなたは他人の目を気にすることなく、節約や貯金の話をすることができるでしょう。

緊急性の低い仕事の飲み会に誘われることも少なくなるでしょうし、お弁当などでランチ代を節約しても恥ずかしいという思いをせずに済みます。

私が医師として大事にしているのは患者さんと向き合うことです。患者さんと対話をする中で、みんながあまりにお金の話を避けているのが気になっていました。

外聞を気にする人ほど、お金の話を避ける傾向があると感じます。

「お金を大事にして何が悪い」と私は声を大にして言いたいと思います。もっとポップにお金の話をしてもいいのではないでしょうか。お金の話を忌み嫌う人の元にお金はやってこないでしょう。

世界中の企業がこれだけお金儲けに執心して、人々の歓心を買う商品を宣伝しているのに、それらに興味を持たないほうが不自然だと思うのです。

お金にきちんと向き合うのは、あなたの人生を見つめ直すことにもつながります。

あなたが考える人生プランにどれだけお金が必要なのか見直すことから始めましょう。

summary

- 生活を充実させるには、ある程度のお金が必要
- お金は大事にする人のところに寄ってくる
- お金と向き合うことは、人生を見つめ直すこと

Mind Reset NO. 28

ひとりぼっちを恐れない

漫画家やテレビタレントとしておなじみの蛭子《えびす》能収《よしかず》さんが書いた『ひとりぼっちを笑うな』（KADOKAWA）という本に、こんな一節があります。

〈「友だちだから断れる」ならわかるけれど、「友だちだから断れない」というのは、僕には理解できません。冷酷な人間なのではなくって、もし、誘いを断れないような存在を「友だち」と呼ぶのなら、僕は「友だち」なんていらないという考えです〉

もともと蛭子さんは協調性がなく、集団行動が苦手だそうです。大勢でごはんを食べていると、すぐに帰りたくなってしまうんだとか。

これは私も少し、わかる気がします。

あなたも、会社の飲み会などで大勢といて、解散してひとりになるとちょっとホッとすることがありませんか。だからと言って、常にひとりで行動したいわけではない。大勢の中にいると、たしかに安心できるという面はあります。ひとりで活動するよりも、大勢でいたほうが、困ったときに助けてくれる気がするのでしょう。

でも、自分のペースで行動できませんし、いつも誰かに気を使う必要があります。冷静に考えたら、ちょっと面倒ですよね。

ひとりでいると、友達がいない人だと思われる？

ひとりでいることを極端に恐れる人がいます。

理由を聞くと、友達がいない寂しい人なんじゃないかと思われることが怖いんだそうです。

しかし、それは誰の声なのでしょう？　もしかしたら**自分の中の価値観が作り出した幻**ではありませんか。

寂しい人だと思われることが耐えられない人の、なんと多いことでしょう。でも、寂しいと思われることの何がいけないのでしょうか。そもそも、**ひとりでいると寂しいだなんて、誰が決めたのでしょう。**

ひとり時間が「自分の世界」を深めさせる

私は大学時代、常にひとりでした。部活動の仲間はいましたが、誰かと団体行動をすることを苦痛だと感じることもありました。

ひとりで食べるラーメンは、友達の食べるペースを気にしなくてもいいですし、匂いを気にせず餃子も頼めます。そのぶん、いつもよりおいしく感じるかもしれません。

東京ディズニーランドには、ひとりで来園する女性がたくさんいます。彼女たちはディズニーの世界観が好きだから、ひとりだって行くわけです。

何かを愛する気持ちがあれば、人の目なんて気にならないことがよくわかります。

ひとりだからこそ、誰に遠慮することもなく、自分の好きな世界をじっくり味わい、とことん追求できるのです。

ひとりぼっちを恐れない。だって、ひとりぼっちは寂しくないですから。

まずはその価値観を手に入れることから始めましょう。

summary

- 「ひとりは寂しい」は、単なる幻想にすぎない
- 自分の世界が確立していれば、人目も気にならない
- 人生を充実させたいなら「贅沢なひとり時間」を持つ

Mind Reset NO. 29

心地よいことを求める

人はみな、幸せになりたいと考えていると思いますが、そのためには、つらい努力が必要だと考える人も多いようです。

でも私は、もっと**心地よさを優先していい**と思っています。

ダイエットのためにジョギングと筋トレをしたあとは、体が疲れています。

ただ、その状態を私たちは「心地よい疲労」と表現したりもします。

一方で、仕事の謝罪行脚《あんぎゃ》で一日中走り回ったあとの疲労は、運動のあとの疲れとはまったく質が違うでしょう。その疲れは、寝ても取れないかもしれません。

その理由は**疲労の過程に、心地よさがあるかないか**の違いがあるからです。

ハードな運動の翌日には、筋肉がパンパンで歩くのもつらい状況になることがあります。

しかし、当の本人はそれを苦痛だけど幸せだと思っていることでしょう。筋トレが健康や肉体の変化につながっているという実感があるから、我慢できるわけです。

逆に、体を動かしたくない人に、いきなり10キロを走らせるのはただの拷問です。

しかし、フルマラソンという目標がある人にとって、その10キロは必要なステップですし、通るべき関門のひとつです。だからその10キロはきっと拷問とは感じないでしょうし、走り終わったあとは心地よいと感じることでしょう。

「心地よさ」を判断基準にする

これと同じで、人生を楽しく過ごしたいなら、心地よさを求めることが大事です。

それには、「心地よさ」の真逆である「つらい」状態を極力避けなくてはいけません。

ただ、ひと口に「つらい」と言っても、いろいろな状況があります。たとえば、出世するためにはつらいことがたくさん待っています。

職場の飲み会で、延々と続く上司の自慢話に賛辞のリアクションを取り続けること。残業を終えて夜遅く家に帰ってから、眠い目をこすりながら資格試験の勉強をすること。

どちらも「つらい」ですが、この2つのつらさは、質が決定的に違います。それは、**終わったあとのあなたの心地よさがまったく異なる**からです。

「つらくて不快」なら、それは努力の方向が間違っているのかもしれません。上司の自慢話に付き合って、心身を疲弊させるのはどうでしょうか。あなたも、内心ではその無意味さを感じているのではないでしょうか。

努力の方向も、心地よいかどうかで決める

偉くなりたい、お金持ちになりたい、素敵な相手と結婚したい。

それらの欲を否定する必要はありません。だって、素直でいいじゃないですか。その欲を否定できるような、合理的な理由は見当たりません。

私だってお金持ちになりたいし、女性にモテたいと思っています。

だったら、その欲に向かって邁進《まいしん》しましょう。

ただし、その目標のためにどんな努力をするか、その方法はきちんと見極めなくてはいけません。

そうして、人生の目標を立てたら、心地よい努力を続けることが大事なのです。

summary
- 幸せになるために、つらい努力は必要ない
- 努力の方向を間違うと、ただ「つらくて不快」なだけ
- 自分にとっての「心地いい努力」を追求する

Mind Reset NO. 30

朝一番で自分を褒《ほ》める

あなたは自分の顔が好きですか？

私は自分の顔は特別に好きなわけではありませんが、「好き」だと言ってくれる異性がいたり、よく見ると男前だった祖父に似ているところがあったりと、そんなに悪いほうではないかなとも思っています。

自分の顔を好きになれるかどうかであなたの幸せが決まるとしたら、あなたはどう思いますか？

自分の顔を鏡で見て、「あー」とため息をつくか、「そんなに悪くない」と思えるか。

1日の始まり方で、その日1日の過ごし方が大きく変わります。

自分の評価は心持ち次第

自分への評価が低いと、それに引っ張られるように、何もかもネガティブな方向に考えてしまう危険があります。自分の顔を見ると、「ああ嫌だなあ」と思ってしまうのです。

人間が他人を評価するときに、**苦手な人や、嫌いな人を見るときは、ネガティブな見方から入る**傾向にあります。その一方で、好きな人を評価するときには、好意的な気持ちから入ります。

好きなアイドルが踊りを失敗しても、まったく気にならないのに、嫌いなタレントが歌詞を間違うと、だからダメなんだと、嫌いの後押しをしてしまうのと同じですね。

自分のことを鏡で見たときに、気分が落ち込んでいる日は、「肌の調子が悪いな」「顔色が悪いな」「鼻が低いな」などと欠点ばかりが目につくはずです。

しかし、自己肯定感が高い日は、昨日と同じ顔が鏡の中にあるにもかかわらず、「髪の毛のセットがうまくいったな」「肌の血色がいいな」「顔の作りは意外と悪くないな」などと、どこか救いのある見方ができるはずなのです。

自分の評価なんて、あなたの心持ち次第ということですよね。

明日も明後日もこの顔は変わらないのだとしたら、今すぐ自分の視座を肯定的にしたほうが、あなたはきっと内面から魅力的になっていくのではないでしょうか。

まずは鏡の中の自分を褒めること。

「イケてる」「かわいい」「モテそう」

など、ありとあらゆる褒め言葉を投げかけましょう。

ポジティブワードで、内面から自信を育てる

ポジティブな言葉を自分に投げかけると、不思議なくらい自分の心も明るくなって

いくことがわかります。自分の顔がどんどん好きになって、内面から自信が溢れてくることでしょう。

反対に、「ダメだ」「自分なんか」などのネガティブワードは厳禁です。「言霊《ことだま》」という言葉がありますが、言葉に引っ張られて、あなたの内面もどんどん錆《さ》びついていくからです。

ゆる～くポジティブな言葉であなたの自信を引き出して、今日も素敵な1日を過ごしましょう。

summary

- 鏡に映る自分のいいところを探して褒める
- 「言霊」の力を信じて、ネガティブワードは絶対に口にしない
- ポジティブワードで、毎日を明るく過ごす

Mind Reset NO. 31

「なりたい自分」を目指す

どんな人生を送るか。

人生は必ずしも、自分の思った通りにはいきませんが、**自分のなりたい自分になる努力をすることはできます。**

アメリカの心理学者レオン・フェスティンガーが提唱した**「認知的不協和」の解消**という**負け惜しみの原理**があります。

例えばダイエットに失敗した女性が「男の人は少しぽっちゃりが好きだって言う

し」と言ってみたり、好きな人に相手にされなかったら「あの人はきっと遊び人に違いない」などと自分に言い聞かせ、現実から逃避する現象のことです。

もしかしたら、身に覚えのある方もいるかもしれませんね。


このように、人間は常に言い訳をする準備ができています。

なぜなら、人間は**未来を思い描くことが苦手**だからです。

華やかな未来、素晴らしい未来、など漠然としたイメージを持つことは可能ですが、具体的にどうしたらいいかまで思いを巡らせることができません。

その結果、途中でつまずいて、中途半端な言い訳をするのです。

1年後、5年後、30年後の「なりたい自分」を思い浮かべる

成功するにはどうしたらいいのか。

まずは頭の中に未来予想図を描いてください。

どんな自分になりたいでしょうか。

1年後はどんな自分でいたいか。

5年後はどんな自分でいたいか。

30年後はどんな自分でいたいか。


そのために、どんな道順をたどればいいか、明確にするのです。

自分に何ができるかも大事ですが、何ができないかを見極めることも大事でしょう。

劣等感とは自分をきちんと見つめているからこそ出てくる感情で、「どうせ自分はダメだから」などと目をそらさず、きちんと向き合って直視することが大事なのです。

30年先の未来は誰にもわからない

1年後にどうなりたいか。ではそのためにどうするか。

さらに5年後に向けて、何を準備しておくべきか。

そして、30年後の自分はどうなっていたいのか。

こうやって、30年先まで思いをはせると、自分の未来があまりに不確かなことに気づくでしょう。

どうなるかなんて、まったくわからないのです。

ということは、**自分の思う自分になれるチャンスがいくらでも転がっている**ということでもあります。

なりたい自分になる。

そのチャンスは、今この瞬間から始まっているのです。

summary

- 人間はなりたい未来のために、何をすべきか思い描くことが苦手
- 1年後、5年後、30年後の未来を具体的に思い浮かべる
- 自分の思う自分になれるチャンスは、今この瞬間から始まっている

Mind Reset NO. 32

運を呼び込む

世の中には、運がいい人と悪い人がいます。

運がいい人とは、自分は運がいいと思っている人のことです。

運が悪い人は、たいてい自分のことを運が悪いと思っています。

私は自分のことを運がいい人間だと思っています。

現役で医大に合格することができましたし、留年することなく医師になり、こんなふうに本を出す機会にも恵まれました。

その一方で、いやいやお前なんか心臓に重大な疾患を持った不運な人間だ、と考える人もいるでしょう。

運がいい人は、周りの人も幸せにできる

では私は幸運なのでしょうか、それとも不運なのでしょうか。**その答えは私自身の中にあります。**

私は幸運な人間です。
なぜなら、「自分は運がいい」と思うことができているからです。
運の悪い人というのは、不運や災厄を引きつける人です。
運がいい人とは、周囲の人間も幸せにできる人です。

社会的に成功した人は、運がいい人でしょう。
成功した人は、周囲への感謝を欠かしません。いい財布を身につけたり、神社への

お参りを欠かさないなどの験担《げんかつ》ぎもしています。それは自分の成功の陰には、努力だけではない、見えざる幸運があったと信じているからです。

運気を上げたいなら「自己批判」をやめる

幸運を呼び込むには運が必要です。運気を呼び込むには明るい空気が必要です。

成功したいと思うのなら、まずは自己批判しすぎる性格を直しましょう。

たとえば、やることなすこと批判したくなるような人がいたとします。しかし、いくら腹が立つからといって、その人の後ろをついてまわって、四六時中その人を批判することはしないでしょう。

しかし、いざ自分のこととなると、24時間、極端な話、寝ている時間でさえ、自分に対する批判を繰り広げてしまいます。そんなネガティブな状況になったら、気持ちもふさぎこむでしょうし、運気も下がるに違いありません。

まずは、自分のいいところを探しましょう。

幸運な人は、幸運を見つける能力にも長《た》けています。

幸運な人は、他の人よりも幸運を多く感じることができるのです。

自分が見ている自分はあくまで一面的であり、他人はまた違う角度からあなたを見ています。いろんな角度から自分を見つめ直すことが大事なのです。

幸運を呼び込むのはあなた自身です。

あなたが自分のいいところをたくさん見つけられたら、同じ数だけの幸運があなたのもとにやってくるでしょう。

人生はきっとうまくいきます。

summary

- 自分を幸運と見るか不運と見るか、その答えは自分の中にある
- 自己批判を繰り返していると、運気が下がる
- 自分のいいところを探して幸運を呼び込む

おわりに

あきらめる。

この言葉への印象が少しは変わったでしょうか。**逃げではなく勇気ある撤退。**ときにはそういったあきらめが必要なのです。

そもそも撤退といいますが、そちらが後ろと決めたのは誰でしょうか？ それすらまた、自身の思い込みや誰か他の人の基準ですよね。自分が後ろを向いてしまえばそちらが前です。

独我《どくが》論《ろん》という考え方があります。自分以外の存在や認識は信用できない、もしかしたら自分以外の人間は感情のないプログラムかもしれないという説です。だとしたらその人たちとの人間関係に頭を悩ませるなんて、こんな無駄なことはないですよね。

屁理屈に聞こえるかもしれませんが、屁理屈でいいんです。理屈なんて、誰の基準かわからないものより、自分に都合のよい屁理屈を採用しましょう。

この本に書いてあることのすべてを実行してほしいとは思っていません。あなたが楽になれるなら、ひとつや2つだけでもいいのです。適当にやれることからやってみること、それが私が思う「ゆるポジ」の第一歩です。

「明日世界が滅びるとしても、私はリンゴの木を植え続ける」

私が好きな言葉の一つです。

世界が滅びることはどうしようもない、そうあきらめた上で、今その木を植える行為に意味を見出すのです。

私は人より早く死ぬかもしれませんが、障害を持って生まれたおかげで医師になり、こうして本を出版することもできました。私の死後もこの本がリンゴの木となって誰かの役に立つのであれば、私の人生にも意味があるのではないかと思います。

どうせ100年後には、嫌でもみんな灰になります。その間に何か一本、自分なりのリンゴの木を植えられれば十分じゃないですか。だから、そんなに生き急がないでください。

ゆるゆるやりましょう。

藤野智哉

本書は、ワニブックスより刊行された『あきらめると、うまくいく』を、文庫収録にあたり改題のうえ、加筆・改筆したものです。

藤野智哉（ふじの・ともや）
　精神科医。1991年生まれ。秋田大学医学部卒業。幼少期に罹患した川崎病が原因で、心臓に冠動脈瘤という障害が残り、現在も治療を続ける。学生時代から激しい運動を制限されるなどの葛藤と闘うなかで、医者の道を志す。精神鑑定などの司法精神医学分野にも興味を持ち、現在は精神神経科勤務の傍ら、医療刑務所の医師や看護学校の非常勤講師としても勤務。障害とともに生きることで学んできた考え方と、精神科医としての知見を発信しており、メディアへの出演も多数。
　著書に『「自分に生まれてよかった」と思えるようになる本』（幻冬舎）『自分を幸せにする「いい加減」の処方せん』（ワニブックス）などがある。
◎Twitter　https://twitter.com/tomoyafujino
◎Voicy　https://voicy.jp/channel/3474

知的生きかた文庫

精神科医《せいしんかい》が教《おし》える
生《い》きるのがラクになる脱力《だつりょく》レッスン

著　者　藤野《ふじの》智哉《ともや》
発行者　押鐘太陽
発行所　株式会社三笠書房
〒一〇二―〇〇七二　東京都千代田区飯田橋三―三―一
電話〇三―五二二六―五七三四〈営業部〉
　　〇三―五二二六―五七三一〈編集部〉
https://www.mikasashobo.co.jp
印刷　誠宏印刷
製本　若林製本工場

ISBN978-4-8379-8818-2 C0130

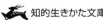